CHEMINS DE FER DE L'EST ET DU NORD.

# TARIFS COMMUNS

POUR

## LES TRANSPORTS A GRANDE ET A PETITE VITESSE

**Soumis à l'homologation ministérielle.**

NOTA. — Les Tarifs Communs indiqués dans le présent Livret annulent et remplacent ceux actuellement en vigueur, à l'exception des Tarifs communs de transit.

5 FÉVRIER 1864.

PARIS

IMPRIMERIE ADMINISTRATIVE ET DES CHEMINS DE FER DE PAUL DUPONT,

RUE DE GRENELLE-SAINT-HONORÉ, 45. COUR DES FERMES. — 138 P.

CHEMINS DE FER DE L'EST ET DU NORD.

# TARIFS COMMUNS

POUR

# LES TRANSPORTS A GRANDE ET A PETITE VITESSE,

**Soumis à l'homologation ministérielle.**

NOTA. — Les Tarifs communs indiqués dans le présent Livret annulent et remplacent ceux actuellement en vigueur, à l'exception des Tarifs communs de transit.

5 FÉVRIER 1864.

Paris, imprimerie Paul Dupont, 45, rue de Grenelle-Saint-Honoré. — 138 p.

# CHEMINS DE FER DE L'EST ET DU NORD.

## TARIFS COMMUNS.

## TABLE DES MATIÈRES.

### TITRE 1er. — GRANDE VITESSE.

#### ANIMAUX, BESTIAUX, MARCHANDISES.



### CHEMINS DE FER DU NORD, DE L'EST ET DE PARIS A LYON ET A LA MÉDITERRANÉE.



### TITRE 2. — PETITE VITESSE.



#### CHAPITRE 1er. — ANIMAUX.



#### CHAPITRE II. — MARCHANDISES.

## CHEMINS DE FER DE L'EST, DU NORD ET DE L'OUEST.



## CHEMINS DE FER DE L'EST, DU NORD ET D'ORLÉANS.



## CHEMINS DE FER DE PARIS A LYON ET A LA MÉDITERRANÉE, DE L'EST ET DU NORD.

## CHEMINS DE FER DE L'EST ET DU NORD.

### TRANSPORTS A GRANDE VITESSE.

# TARIF COMMUN SPÉCIAL G. V. N° I.

DÉSIGNATION DES MARCHANDISES :

**Articles de Messagerie, Denrées, Lait, Marchandises à grande vitesse, Finances, Valeurs, Objets d'art et Chiens.**

PRIX DE TRANSPORT

*Y compris les frais de chargement et de déchargement.*

| DE LA GARE DE PARIS (NORD) AUX STATIONS CI-APRÈS *et vice versâ.* | Distances en kilomètres. | ARTICLES DE MESSAGERIE, DENRÉES, LAIT et Marchandises à grande vitesse. | | | | | | | DENRÉES par expédition de 50 kil. au minimum. — PRIX par 1000 k. (1) | LAIT par expédition de 50 litres au minimum. — PRIX par 1,000 k. (2) | FINANCES, VALEURS et Objets d'art — PRIX par 1,000 f. indivisibles. | CHIENS. — PRIX par tête. |
|---|---|---|---|---|---|---|---|---|---|---|---|---|
| | | De 0 à 3 kil. | AU-DESSUS DE 3 jusqu'à 5 kil. | 5 jusqu'à 10. | 10 jusqu'à 20. | 20 jusqu'à 30. | 30 jusqu'à 40. | Au-dessus par fraction indivisible de 10 kilog. — PRIX par 1,000 k. | | | | |
| Sermoize-Ciry | 116 | » 25 | » 30 | » 60 | 1 15 | 1 75 | 2 30 | 48 » | 34 10 | 32 50 | » 30 | 1 95 |
| Braisne | 122 | » 25 | » 30 | » 60 | 1 20 | 1 85 | 2 45 | 50 40 | 35 75 | 34 15 | » 30 | 2 05 |
| Fismes | 134 | » 25 | » 35 | » 65 | 1 35 | 2 » | 2 70 | 55 20 | 39 10 | 37 50 | » 35 | 2 25 |
| Jonchery | 144 | » 25 | » 35 | » 70 | 1 45 | 2 15 | 2 90 | 59 20 | 41 90 | 40 30 | » 35 | 2 40 |
| Muizon | 152 | » 25 | » 40 | » 75 | 1 50 | 2 30 | 3 05 | 62 40 | 44 15 | 42 55 | » 40 | 2 55 |
| **Reims** | 160 | » 25 | » 40 | » 80 | 1 60 | 2 40 | 3 20 | 65 60 | 46 40 | 44 80 | » 40 | 2 70 |
| Loivre | 171 | » 25 | » 45 | » 85 | 1 70 | 2 55 | 3 40 | 70 » | 49 50 | 47 90 | » 45 | 2 85 |
| Guignicourt | 181 | » 25 | » 45 | » 90 | 1 80 | 2 70 | 3 60 | 74 » | 52 30 | 50 70 | » 45 | 3 05 |
| Witry-lès-Reims | 168 | » 25 | » 40 | » 85 | 1 70 | 2 50 | 3 35 | 68 80 | 48 65 | 47 05 | » 40 | 2 80 |
| Bazancourt | 177 | » 25 | » 45 | » 90 | 1 75 | 2 65 | 3 55 | 72 40 | 51 15 | 49 55 | » 45 | 2 95 |
| Le Châtelet | 188 | » 30 | » 45 | » 95 | 1 90 | 2 80 | 3 75 | 76 80 | 54 25 | 52 65 | » 45 | 3 15 |
| **Rethel** | 199 | » 30 | » 50 | 1 » | 2 » | 3 » | 4 » | 81 20 | 57 30 | 55 70 | » 50 | 3 35 |
| Amagne | 207 | » 30 | » 50 | 1 05 | 2 05 | 3 10 | 4 15 | 84 40 | 59 55 | 57 95 | » 50 | 3 50 |
| Saulce-Monclin | 216 | » 30 | » 55 | 1 10 | 2 15 | 3 25 | 4 30 | 88 » | 62 10 | 60 50 | » 55 | 3 65 |
| Launois | 224 | » 35 | » 55 | 1 10 | 2 25 | 3 35 | 4 50 | 91 20 | 64 50 | 62 70 | » 55 | 3 75 |

(1) *Désignation des denrées :* Champignons frais, Charcuterie fraîche, Citrons, Coquillages frais, Escargots, Fromages frais, Fruits frais, Gibier, Huîtres, Légumes frais, Œufs, Oranges, Pain, Poissons frais, Viande fraîche, Volaille morte ou vivante.

(2) Les prix pour le transport du lait ne comprennent pas les frais de chargement et de déchargement, ces opérations étant à faire par les soins et aux frais des expéditeurs et des destinataires.

| DE LA GARE DE PARIS (NORD) AUX STATIONS CI-APRÈS *et vice versâ.* | Distances en kilomètres. | ARTICLES DE MESSAGERIE, DENRÉES, LAIT et Marchandises à grande vitesse. | | | | | | | DENRÉES par expédition de 50 kil. au minimum. — PRIX par 1,000 k. (1) | LAIT par expédition de 50 litres au minimum. — PRIX par 1,000 k. (2) | FINANCES, VALEURS et Objets d'art — PRIX par 1,000 f. indivisibles. | CHIENS. — PRIX par tête. |
|---|---|---|---|---|---|---|---|---|---|---|---|---|
| | | De 0 à 3 kil. | AU-DESSUS DE 3 jusqu'à 5 kil. | 5 jusqu'à 10. | 10 jusqu'à 20. | 20 jusqu'à 30. | 30. jusqu'à 40. | Au-dessus par fraction indivisible de 10 kilog. — PRIX par 1,000 k. | | | | |
| Poix-Terron | 232 | » 35 | » 60 | 1 15 | 2 30 | 3 50 | 4 65 | 94 40 | 66 55 | 64 95 | » 60 | 3 90 |
| Boulzicourt | 239 | » 35 | » 60 | 1 20 | 2 40 | 3 60 | 4 80 | 97 20 | 68 50 | 66 90 | » 60 | 4 » |
| Mohon | 245 | » 35 | » 60 | 1 25 | 2 45 | 3 70 | 4 90 | 99 60 | 70 20 | 68 60 | » 60 | 4 10 |
| **Mézières-Charleville** | 248 | » 35 | » 60 | 1 25 | 2 50 | 3 70 | 4 95 | 100 80 | 71 05 | 69 45 | » 60 | 4 15 |
| Nouzon | 255 | » 40 | » 65 | 1 30 | 2 55 | 3 85 | 5 10 | 103 60 | 73 » | 71 40 | » 65 | 4 30 |
| Braux | 264 | » 40 | » 65 | 1 30 | 2 65 | 3 95 | 5 30 | 107 20 | 75 50 | 73 90 | » 65 | 4 45 |
| Monthermé | 265 | » 40 | » 65 | 1 35 | 2 65 | 4 » | 5 30 | 107 60 | 75 80 | 74 20 | » 65 | 4 45 |
| Deville | 269 | » 40 | » 65 | 1 35 | 2 70 | 4 05 | 5 40 | 109 20 | 76 90 | 75 30 | » 70 | 4 50 |
| Revin | 281 | » 40 | » 70 | 1 40 | 2 80 | 4 20 | 5 60 | 114 » | 80 30 | 78 70 | » 70 | 4 70 |
| Fumay | 288 | » 45 | » 70 | 1 45 | 2 90 | 4 30 | 5 75 | 116 80 | 82 25 | 80 65 | » 75 | 4 85 |
| Vireux | 301 | » 45 | » 75 | 1 50 | 3 » | 4 50 | 6 » | 122 » | 85 90 | 84 30 | » 75 | 5 05 |
| **Givet** | 312 | » 45 | » 80 | 1 55 | 3 10 | 4 70 | 6 25 | 126 40 | 88 95 | 87 35 | » 80 | 5 25 |
| — | | | | | | | | | | | | |
| Nouvion-sur-Meuse | 254 | » 40 | » 65 | 1 25 | 2 55 | 3 80 | 5 10 | 103 20 | 72 70 | 71 10 | » 65 | 4 25 |
| Donchery | 260 | » 40 | » 65 | 1 30 | 2 60 | 3 90 | 5 20 | 105 60 | 74 40 | 72 80 | » 65 | 4 35 |
| **Sédan** | 263 | » 40 | » 65 | 1 30 | 2 65 | 3 95 | 5 25 | 106 80 | 75 25 | 73 65 | » 65 | 4 40 |
| Bazeilles | 270 | » 40 | » 70 | 1 35 | 2 70 | 4 05 | 5 40 | 109 60 | 77 20 | 75 60 | » 70 | 4 55 |
| Douzy | 274 | » 40 | » 70 | 1 35 | 2 75 | 4 10 | 5 50 | 111 20 | 78 30 | 76 7 | » 70 | 4 60 |
| Pourru-Brévilly | 277 | » 40 | » 70 | 1 40 | 2 75 | 4 15 | 5 55 | 112 40 | 79 15 | 77 55 | » 70 | 4 65 |
| **Carignan** | 286 | » 45 | » 70 | 1 45 | 2 85 | 4 30 | 5 70 | 116 » | 81 70 | 80 10 | » 70 | 4 80 |
| Margut | 294 | » 45 | » 75 | 1 45 | 2 95 | 4 40 | 5 90 | 119 20 | 83 90 | 82 30 | » 75 | 4 95 |
| Lamouilly | 300 | » 45 | » 75 | 1 50 | 3 » | 4 50 | 6 » | 121 60 | 85 60 | 84 » | » 75 | 5 05 |
| Chauvency | 307 | » 45 | » 75 | 1 55 | 3 05 | 4 60 | 6 15 | 124 40 | 87 55 | 85 95 | » 75 | 5 15 |
| **Montmédy** | 313 | » 45 | » 80 | 1 55 | 3 15 | 4 70 | 6 25 | 126 80 | 89 25 | 87 65 | » 80 | 5 25 |
| Vezin | 325 | » 50 | » 80 | 1 65 | 3 25 | 4 90 | 6 50 | 131 60 | 92 60 | 91 » | » 80 | 5 45 |
| **Longuyon** | 334 | » 50 | » 80 | 1 65 | 3 35 | 5 » | 6 70 | 135 20 | 95 10 | 93 50 | » 85 | 5 60 |
| — | | | | | | | | | | | | |
| Cons-la-Granville | 344 | » 50 | » 85 | 1 70 | 3 45 | 5 15 | 6 90 | 139 20 | 97 90 | 96 30 | » 85 | 5 80 |
| Longwy | 350 | » 55 | » 90 | 1 75 | 3 50 | 5 25 | 7 » | 141 60 | 99 60 | 98 » | » 90 | 5 90 |
| — | | | | | | | | | | | | |
| Pierrepont | 342 | » 50 | » 85 | 1 70 | 3 40 | 5 15 | 6 85 | 138 40 | 97 35 | 95 75 | » 85 | 5 75 |
| Joppécourt | 351 | » 55 | » 90 | 1 75 | 3 50 | 5 25 | 7 » | 142 » | 99 90 | 98 30 | » 90 | 5 90 |
| Audun-le-Roman | 358 | » 55 | » 90 | 1 80 | 3 60 | 5 35 | 7 15 | 144 80 | 101 85 | 100 25 | » 90 | 6 » |
| Fontoy | 367 | » 55 | » 90 | 1 85 | 3 65 | 5 50 | 7 35 | 148 40 | 104 35 | 102 75 | » 90 | 6 15 |
| Hayange | 374 | » 55 | » 95 | 1 85 | 3 75 | 5 60 | 7 50 | 151 20 | 106 30 | 104 70 | » 95 | 6 30 |

(1) *Désignation des denrées :* Champignons frais, Charcuterie fraîche, Citrons, Coquillages frais, Escargots, Fromages frais, Fruits frais, Gibier, Huîtres, Légumes frais, Œufs, Oranges, Pain, Poissons frais, Viande fraîche, Volaille morte ou vivante.

(2) Les prix pour le transport du lait ne comprennent pas les frais de chargement et de déchargement, ces opérations étant à faire par les soins et aux frais des expéditeurs et des destinataires.

**NOTA.** — *Les expéditions de ou pour une station non dénommée ci-dessus, comprise entre deux stations dénommées, jouiront du bénéfice du présent Tarif commun en payant pour la distance entière, depuis la dernière station dénommée située avant le lieu de départ jusqu'à la première station dénommée située après le lieu de destination, si la taxe, ainsi calculée, est plus avantageuse pour les expéditeurs que celle des Tarifs généraux de chaque Compagnie.*

## CONDITIONS.

La Compagnie expéditrice seule perçoit 0 fr. 10 cent. pour l'enregistrement.

L'application du présent Tarif commun reste d'ailleurs soumise aux conditions des Tarifs particuliers à chaque Compagnie, en tout ce qui n'est pas contraire aux dispositions qui précèdent.

CHEMINS DE FER DE L'EST ET DU NORD.

TRANSPORTS A GRANDE VITESSE
AVEC DÉLAI ALLONGÉ.

# TARIF COMMUN SPÉCIAL G. V. N° 2.

DÉSIGNATION DES MARCHANDISES :
**Marchandises en général.**

PRIX DE TRANSPORT

*par 1,000 kilogrammes de gare en gare, y compris les frais de chargement et de déchargement.*

| DE PARIS (Nord) et *vice versâ* à | DISTANCES. | PRIX. | DÉLAIS EN JOURS non compris le jour de la remise et celui de la livraison à domicile. |
|---|---|---|---|
| | kil. | fr. c. | jours. |
| Reims | 160 | 43 20 | 1 |
| Réthel | 199 | 53 » | 1 |
| Mézières-Charleville | 248 | 66 » | 2 |
| Sedan | 263 | 70 » | 2 |

**NOTA.** — *Les expéditions de ou pour une station non dénommée ci-dessus, comprise entre deux stations dénommées, jouiront du bénéfice du présent Tarif commun en payant pour la distance entière, depuis la dernière station dénommée située avant le lieu de départ jusqu'à la première station dénommée située après le lieu de destination, si la taxe, ainsi calculée, est plus avantageuse pour les expéditeurs que celle des Tarifs généraux de chaque Compagnie.*

## CONDITIONS.

La Compagnie expéditrice seule perçoit 0 fr. 10 cent. pour l'enregistrement.

Les prix ci-dessus sont applicables par fraction indivisible de 10 kilogrammes.

Les prix de ce Tarif ne sont pas applicables :

1° Aux denrées et objets qui, sous le volume d'un mètre cube, ne pèsent pas 200 kilogrammes ; ces denrées et objets payeront moitié en sus de la taxe indiquée ;

2° Aux finances et valeurs ;

3° Aux masses indivisibles pesant plus de 3,000 kilogrammes ;

4° Aux marchandises dont la désignation suit :

Beurre frais, bronze d'art, champignons, capsules, escargots, éther, fromages frais, fruits verts, gibier, huîtres, légumes frais, objets d'art, œufs, phosphore, pièces d'artifice, poudre de guerre, de chasse et de mine, poissons frais, statues, tableaux, viandes fraîches et volailles ;

5° Aux paquets ou colis pesant isolément 20 kilogrammes et au-dessous.

Ces paquets ou colis ne seront expédiés qu'en grande ou petite vitesse. Toutefois, les prix de transport déterminés au présent Tarif sont applicables à tous paquets ou colis, quoique emballés à part, s'ils font partie d'envois, pesant ensemble plus de 20 kilogrammes, d'objets envoyés par une même personne à une même personne.

Le bénéfice de la disposition énoncée dans le paragraphe précédent ne peut être invoqué par les entrepreneurs de messagerie et de roulage et autres intermédiaires de transport, à moins que les articles par eux envoyés ne soient réunis en un seul colis.

L'application du présent Tarif spécial reste d'ailleurs soumise aux conditions des Tarifs généraux des deux Compagnies, en tout ce qui n'est pas contraire aux dispositions qui précèdent.

**AVIS IMPORTANT.** — *Les prix du présent Tarif commun spécial ne seront appliqués qu'autant que l'expéditeur en aura fait la demande expresse, sur sa déclaration; à défaut de cette demande préalable, l'expédition sera taxée aux prix et conditions des Tarifs généraux de chaque Compagnie.*

## CHEMINS DE FER DE L'EST ET DU NORD.

### TRANSPORTS A GRANDE VITESSE.

# TARIF COMMUN SPÉCIAL G. V. N° 3.

POUR LE

**Transport des Étalons impériaux, des Chevaux de course et de leurs Conducteurs.**

### PRIX DE TRANSPORT

| | | | | | | | |
|---|---|---|---|---|---|---|---|
| De la gare de Paris (Nord) à la gare de | Reims, | et *vice versâ*, | 160 | kilomètres, | 17 fr. | 90 c. | par tête. |
| — | Mézières-Charleville, | — | 248 | — | 27 | 80 | — |
| — | Sedan, | — | 263 | — | 29 | 45 | — |
| — | Carignan, | — | 286 | — | 32 | 05 | — |
| — | Montmédy, | — | 313 | — | 35 | 05 | — |

Une réduction de 50 p. 0/0 est accordée, à l'*aller* et au *retour*, aux Conducteurs des Étalons impériaux et des Chevaux de course, à raison d'un Conducteur par cheval.

**NOTA.** — *Les expéditions de ou pour une station non dénommée ci dessus, comprise entre deux stations dénommées, jouiront du bénéfice du présent Tarif commun en payant pour la distance entière, depuis la dernière station dénommée située avant le lieu de départ jusqu'à la première station dénommée située après le lieu de destination, si la taxe, ainsi calculée, est plus avantageuse pour les expéditeurs que celle des Tarifs généraux de chaque Compagnie.*

### CONDITIONS.

La Compagnie expéditrice seule perçoit 0 fr. 10 cent. pour l'enregistrement.

Les réductions de prix stipulées par le présent Tarif commun seront effectuées de la manière suivante : 1° En ce qui concerne les Étalons impériaux, sur la production d'un livret de route portant l'estampille de l'établissement d'où dépendent les Étalons et leurs Conducteurs; 2° En ce qui concerne les Chevaux de course, sur la production d'un certificat signé par le secrétaire de la Société d'encouragement pour l'amélioration de la race des chevaux en France.

Les Étalons impériaux et les Chevaux de course devront toujours être accompagnés, sans que, pour les envois composés de plusieurs Étalons, l'administration des Haras soit tenue d'affecter un Conducteur à chaque Étalon.

Les gares d'expédition seront prévenues au moins 24 heures à l'avance des transports à effectuer, et ces transports ne seront obligatoires que dans les gares ou pour les gares pourvues de quais d'embarquement ou de débarquement pour les animaux expédiés à Grande Vitesse.

Le chargement et le déchargement des Étalons impériaux seront faits exclusivement par les expéditeurs et les destinataires, à leurs frais, risques et périls.

Les Compagnies ne sont pas responsables des accidents qui pourraient arriver aux Étalons impériaux, soit dans l'embarquement ou le débarquement, soit dans le cours du transport, soit pendant le séjour de ces animaux dans les établissements du chemin de fer.

Les expéditeurs ont toujours le choix entre les prix et conditions du présent Tarif commun spécial et les prix et conditions des Tarifs particuliers aux deux Compagnies.

L'application du présent Tarif commun reste d'ailleurs soumis aux conditions des Tarifs généraux des deux Compagnies en tout ce qui n'est pas contraire aux dispositions particulières qui précèdent.

**AVIS IMPORTANT.** — *Les prix du présent Tarif commun spécial ne seront appliqués qu'autant que l'expéditeur en aura fait la demande expresse sur sa déclaration; à défaut de cette demande préalable, l'expédition sera taxée de droit aux prix et conditions des Tarifs généraux de chaque Compagnie.*

CHEMINS DE FER DE L'EST ET DU NORD.

TRANSPORTS A GRANDE VITESSE.

# TARIF COMMUN SPÉCIAL G. V. N° 4.

## Chevaux, Mulets et Bestiaux.

### PRIX DE TRANSPORT :

**1° Chevaux et Mulets.**

| | | |
|---|---|---|
| De la gare de Paris (Nord) aux stations comprises entre Soissons et Givet, Soissons et Hayange inclus et *vice versâ* ..................... | Pour un wagon-écurie de 3 Chevaux ou Mulets au même propriétaire... | 0 fr. 55 c. par écurie et par kilomètre. |
| | Pour une expédition de 6 Chevaux ou Mulets au même propriétaire... | 0 fr. 44 c. par écurie et par kilomètre. |
| | Pour une expédition de 9 chevaux ou Mulets et plus au même propriétaire.......................... | 0 fr. 34 c. par écurie et par kilomètre. |

**2° Bestiaux.**

Bœufs, Vaches, Taureaux, Veaux, Porcs, Moutons, Brebis, Agneaux et Chèvres, par wagon complet et par kilomètre............. 1 fr. 10 c.

**NOTA.** — *Les expéditions de ou pour une station non dénommée ci-dessus, comprise entre deux stations dénommées, jouiront du bénéfice du présent Tarif commun en payant pour la distance entière, depuis la dernière station dénommée située avant le lieu de départ jusqu'à la première station dénommée située après le lieu de destination, si la taxe, ainsi calculée, est plus avantageuse pour les expéditeurs que celle des Tarifs généraux de chaque Compagnie.*

### CONDITIONS.

La Compagnie expéditrice seule perçoit 0 fr. 10 cent. pour l'enregistrement.

Les frais accessoires de chargement et de déchargement sont fixés ainsi qu'il suit :

| | |
|---|---|
| Pour un wagon de 3 Chevaux ou Mulets..................... | 3 fr. |
| Pour une expédition de 6 Chevaux ou Mulets................ | 6 |
| Pour une expédition de 9 Chevaux ou Mulets................ | 9 |
| Pour un wagon de Bestiaux................................ | 3 |

Les expéditeurs sont tenus de prévenir 24 heures à l'avance les gares de départ du nombre et de la nature des animaux qu'ils ont à faire transporter.

Il sera loisible aux expéditeurs de bestiaux de charger, dans un wagon, le nombre de têtes que bon leur semblera, au delà du nombre ci-après fixé ; mais les Compagnies seront affranchies de toute responsabilité pour les risques et périls qui pourraient résulter en cours de transport de cet excédant de chargement :

5 Bœufs, Vaches, Taureaux.
14 Veaux ou Porcs.
25 Moutons, Brebis, Agneaux et Chèvres.

Les expéditions de bestiaux inférieures à un chargement complet de wagon seront taxées au choix des expéditeurs, ou aux prix du présent Tarif commun comme wagon complet, ou aux prix des Tarifs généraux de chaque Compagnie, d'après le nombre de têtes transportées.

Les palefreniers accompagnant les animaux ne seront admis à voyager dans les wagons-écuries qu'avec un billet de troisième classe. Toutefois le transport gratuit dans ces wagons sera accordé à un palefrenier par bande de 6 chevaux appartenant au même propriétaire, ou par expédition de deux wagons complets de bestiaux ; moyennant cette gratuité, les Compagnies seront exonérées de toute responsabilité pour les accidents qui pourront arriver en cours de transport, sauf ceux résultant de son fait.

En cas d'absence, à l'arrivée, de l'expéditeur ou de son représentant, il sera pourvu d'office au déchargement des wagons, et les animaux seront mis en fourrière aux frais de qui de droit.

**AVIS IMPORTANT.** — *Les prix du présent Tarif commun spécial ne seront appliqués qu'autant que l'expéditeur en aura fait la demande expresse sur sa déclaration ; à défaut de cette demande préalable, l'expédition sera taxée de droit aux prix et conditions des Tarifs généraux de chaque Compagnie.*

CHEMINS DE FER DE L'EST ET DU NORD.

TRANSPORTS A GRANDE VITESSE.

# TARIF COMMUN SPÉCIAL G. V. N° 5.

DÉSIGNATION DES MARCHANDISES :

**Animaux, Instruments et Produits**

ENVOYÉS AUX CONCOURS AGRICOLES.

## PRIX RÉDUITS DE TRANSPORT :

### 1° Animaux.

| | | | |
|---|---|---|---|
| De la gare de Paris (Nord) aux stations comprises entre Soissons et Givet, Soissons et Hayange inclus, et *vice versâ*.... | Chevaux, Bœufs, Vaches, Taureaux, Anes, Mulets et autres Bêtes de trait........ | » fr. 112 | Par tête et par kilomètre. |
| | Veaux et Porcs........................ | » 0248 | Par tête et par kilomètre. |
| | Moutons, Brebis, Agneaux et Chèvres.... | » 0224 | Par tête et par kilomètre. |
| | Bestiaux par wagon complet............ | » 55 | Par wagon et par kilomètre. |

Les frais de chargement et de déchargement à percevoir en sus des prix ci-dessus sont fixés comme suit :

| | | |
|---|---|---|
| Bœufs, Vaches, Taureaux, Anes, Mulets et autres Bêtes de trait.... | 1 fr. » c. | Par tête. |
| Veaux et Porcs........................ | » 40 | Par tête. |
| Moutons, Brebis, Agneaux et Chèvres.......................... | » 20 | Par tête. |

Les animaux dont il n'est pas pris livraison à l'arrivée sont mis en fourrière aux frais, risques et périls de qui de droit. Les frais de fourrière sont acquittés sur justification de dépenses.

### 2° Instruments et Produits.

Prix des Tarifs ordinaires réduits de moitié.

**NOTA.** — *Les expéditions de ou pour une station non dénommée ci-dessus, comprise entre deux stations dénommées, jouiront du bénéfice du présent Tarif commun en payant pour la distance entière, depuis la dernière station dénommée située avant le lieu de départ jusqu'à la première station dénommée située après le lieu de destination, si la taxe, ainsi calculée, est plus avantageuse pour les expéditeurs que celle des Tarifs généraux de chaque Compagnie.*

## CONDITIONS.

La Compagnie expéditrice seule perçoit 0 fr. 10 c. pour l'enregistrement.

Pour avoir droit au bénéfice de ces prix réduits, qui sont applicables au retour, les expéditeurs devront justifier, par un certificat délivré par le ministère de l'agriculture, de la destination des animaux ou objets à transporter.

Ces certificats devront être remis aux gares de départ, et seront rendus aux expéditeurs par les gares d'arrivée, lors de la livraison de la marchandise.

Les Compagnies ne répondent pas des retards, avaries, ou accidents survenus dans les gares ou en cours de transport.

L'application du présent Tarif commun reste d'ailleurs soumise aux conditions des Tarifs généraux de chaque Compagnie, en tout ce qui n'est pas contraire aux dispositions qui précèdent.

**AVIS IMPORTANT.** — *Les prix du présent Tarif commun spécial ne seront appliqués qu'autant que l'expéditeur en aura fait la demande expresse sur sa déclaration; à défaut de cette demande préalable, l'expédition sera taxée de droit aux prix et conditions des Tarifs généraux de chaque Compagnie.*

# CHEMINS DE FER

## DU NORD, DE L'EST ET DE PARIS A LYON ET A LA MÉDITERRANÉE.

---

### TRANSPORTS A GRANDE VITESSE.

---

# TARIF COMMUN G. V. N° 6

POUR LE TRANSPORT, EN VOITURES DE 3ᵉ CLASSE,

## DES COLONS ET LEURS FAMILLES SE RENDANT EN ALGÉRIE,

MUNIS D'UN TITRE DE PROPRIÉTÉ.

| DES STATIONS CI-APRÈS<br>**A MARSEILLE**<br>(*vid Gray*). | DISTANCES. | 3ᵉ CLASSE. | | EXCÉDANTS DE BAGAGES par 1,000 kil., frais de manutention compris. |
|---|---|---|---|---|
| | | ADULTES. | ENFANTS DE 3 A 7 ANS. | |
| | kil. | fr. c. | fr. c. | fr. c. |
| ERQUELINES | 1,080 | 32 70 | 16 35 | 429 20 |
| QUIÉVRAIN | 1,105 | 33 45 | 16 70 | 439 20 |
| MOUSCRON | 1,135 | 34 40 | 17 15 | 451 20 |

### CONDITIONS GÉNÉRALES.

Chaque colon a droit au transport gratuit de 100 kilogrammes de bagages.

Les enfants accompagnant les colons doivent être admis, de 3 à 7 ans, à jouir du quart du prix des places de 3ᵉ classe, avec allocation en leur faveur de 30 kilog. de bagages en franchise; deux enfants de cet âge ne pourront occuper qu'une place dans un même compartiment.

Les enfants de moins de 3 ans ne payeront rien, mais à la condition d'être tenus sur les genoux de leurs parents. Ils n'auront droit à aucun transport gratuit de bagages.

Le prix de transport des excédants de bagages sera perçu de la manière suivante : *Jusqu'à* 40 kilog. *par fraction indivisible de* 5 kilog.; *au-dessus de* 40 kilog. *par fraction indivisible de* 10 kilog.

La Compagnie expéditrice, seule, perçoit 10 centimes de droit d'enregistrement,

## CHEMINS DE FER DE L'EST ET DU NORD.

### TRANSPORTS A PETITE VITESSE.

# TARIF COMMUN P. V. N° 1

POUR LE TRANSPORT

## des Marchandises en général entre les gares de PARIS (La Chapelle) et REIMS, vià Soissons.

## CLASSIFICATION GÉNÉRALE DES MARCHANDISES

**par ordre alphabétique.**

**Nota.** — Les lettres W. C. signifient Wagon complet.
Les lettres T. S. signifient Tarif spécial.

| MARCHANDISES. | SÉRIES. |
|---|---|
| **A** | |
| Abats | 3 |
| Absinthe en balles | 1 |
| Absinthe (liqueur d') | 2 |
| Absinthe (liqueur d') en fûts, sans responsabilité | 3 |
| Acajou en billes | 4 |
| Acajou en feuilles | 1 |
| Acétate d'alumine | 3 |
| Acétate de cuivre | 3 |
| Acétate de fer | 3 |
| Acétate de plomb | 3 |
| Acide acétique | 3 |
| Acide arsénieux | 1 |
| Acide borique | 3 |
| Acide chlorhydrique | 1 |
| Acide citrique | 1 |
| Acide hydrochlorique | 1 |
| Acide muriatique | 1 |
| Acide nitrique | 1 |
| Acide oléique | 2 |
| Acide oxalique | 2 |
| Acide pyroligneux | 4 |
| Acide stéarique | 2 |
| Acide sulfurique | 1 |
| Acide tartrique | 3 |
| Acides minéraux non dénommés | 1 |
| Acides minéraux expédiés par w. c. de 5,000 kil. ou payant pour ce poids, sans responsabilité. T. S. n° 5. | 4 |
| Acier à ressorts pour crinolines. | 2 |
| Acier à ressorts pour voitures | 3 |
| Acier brut.... T. S. nos 14, 15. | 5 |
| Acier en barres. T. S. nos 14 15. | 3 |
| Acier ouvré | 2 |
| Agaric | 1 |
| Agglomérés de houilles. T. S. n° 8 | 5 |
| Agrafes | 1 |
| Aiguilles à coudre | 1 |
| Aiguilles à tricoter | 1 |
| Ail frais | 1 |
| Ail sec | 2 |
| Albâtre brut | 3 |
| Albâtre ouvré | 1 |
| Albumine | 1 |
| Alcali volatil | 1 |
| Alcali volatil par w. c. de 5,000 k. ou payant pour ce poids, sans responsabilité | 3 |
| Alcool | 2 |
| Alcool en fûts sans responsabilité | 3 |
| Alizari | 3 |
| Allumettes chimiques (Voir le Tarif exceptionnel fixé par l'art. 11 des Tarifs généraux de petite vitesse des deux Compagnies). | » |
| Allumettes chimiques en caisses, sans responsabilité | 2 |
| Allumettes chimiques en caisses, par w. c. de 4,000 kilogrammes ou payant pour ce poids, sans responsabilité | 3 |
| Alquifoux..... T. S. nos 14, 15. | 4 |
| Alumine | 3 |
| Alun.......... T. S. n° 13. | 4 |
| Amadou | 1 |
| Amandes fraîches | 1 |
| Amandes sèches | 2 |
| Ambre | 1 |
| Amiante | 2 |
| Amidon.......... T. S. n° 5. | 3 |
| Ammoniaque liquide | 1 |
| Ammoniaque liquide, par w. c. de 5,000 kilog. ou payant pour ce poids, sans responsabilité | 3 |
| Anchois à l'huile | 1 |
| Anchois salés | 2 |
| Ancres de marine T. S. nos 14, 15 | 3 |
| Anis | 1 |
| Anthracite | 5 |
| Antimoine cru | 3 |

| MARCHANDISES. | SÉRIES. |
|---|---|
| Antimoine régule T. S. nos 14, 15. | 2 |
| Appareils à gaz | 1 |
| Appareils inodores | 1 |
| Arachides | 5 |
| Arbres en fer | 3 |
| Arbres et arbustes vivants (*) | 1 |
| Arbres et arbustes vivants, par w. c. de 5,000 kilogrammes ou payant pour ce poids, sans responsabilité | 3 |
| Arcansons | 3 |
| Ardoises en tables | 3 |
| Ardoises pour écrire | 3 |
| Ardoises pour toitures T. S. nos 17, 18. | 4 |
| Argiles T. S. no 17. | 3 |
| Armes | 1 |
| Armes de guerre | 3 |
| Arrow-root | 1 |
| Arsenic | 1 |
| Arsenic en fûts | 3 |
| Articles dits d'indust. parisienne. | 1 |
| Artifices (Voir le tarif exceptionnel fixé par l'article 11 des Tarifs généraux de petite vitesse des deux Compagnies) | » |
| Asbeste | 2 |
| Asphalte T. S. no 17. | 3 |
| Asphodèles | 3 |
| Aveina | 3 |
| Avelanèdes | 3 |
| Avoine | 5 |
| **B** | |
| Bablah | 1 |
| Bâches en toile ou en cuir | 2 |
| Bacs en tôle | 2 |
| Baies de genièvre | 2 |
| Baies de laurier | 1 |
| Balais de Bordeaux | 3 |
| Balais de bouleau | 3 |
| Balais de bruyère | 3 |
| Balais de cameline | 3 |
| Balais de crin | 1 |
| Balais de plumes | 1 |
| Balais de bouleau, de cameline et de Bordeaux, par w. c. de 5,000 kilogrammes ou payant pour ce poids | 4 |
| Balances en cuivre | 1 |
| Balances en fer | 1 |
| Baleines brutes | 2 |
| Baleines ouvrées | 1 |
| Bambous | 1 |
| Bandages de roues. T. S. nos 14, 15 | 3 |
| Barillons pour fourrages | 3 |
| Barreaux de grilles en fer ou en fonte T. S. nos 14, 15. | 3 |
| Baryte T. S no 17. | 4 |

| MARCHANDISES. | SÉRIES. |
|---|---|
| Bascules | 1 |
| Bascules encaissées, sans responsabilité | 3 |
| Baudruche | 1 |
| Baumes | 1 |
| Becquets | 3 |
| Benjoin | 1 |
| Betteraves T. S. no 17. | 4 |
| Betteraves (graine de) | 4 |
| Beurre de coco | 2 |
| Beurre de coco sans responsabilité | 3 |
| Beurre demi-sel | 2 |
| Beurre frais | 1 |
| Beurre rance | 3 |
| Beurre salé ou fondu | 3 |
| Bichromate de fer | 3 |
| Bichromate de potasse | 3 |
| Bichromates non dénommés | 1 |
| Biciles | 3 |
| Bières | 2 |
| Bières en fûts | 3 |
| Bières en fûts, sans responsabilité de coulage | 4 |
| Billards (*) | 1 |
| Billes en agate | 3 |
| Billes en grès | 4 |
| Billes en ivoire | 1 |
| Billes en marbre | 4 |
| Bimbeloterie | 1 |
| Biscuits de mer | 3 |
| Bismuth | 3 |
| Bitter | 1 |
| Bitter en fûts, sans responsabilité | 3 |
| Bitumes liquides | 1 |
| Bitumes liquides en bombonnes, bouteilles ou touries renfermées dans des cages ou caisses, sans responsabilité | 4 |
| Bitumes liquides en fûts, sans responsabilité | 4 |
| Bitumes solides T. S. no 17. | 3 |
| Blanc d'argent | 1 |
| Blanc de baleine | 1 |
| Blanc de céruse | 3 |
| Blanc d'Espagne, de Meudon et de Troyes T. S. no 17. | 3 |
| Blanc fiolin ou chrismagène | 3 |
| Blanc de zinc. T. S. nos 14, 15. | 3 |
| Blés | 3 |
| Bleu d'azur | 1 |
| Bleu d'outremer | 1 |
| Bleu de Prusse | 1 |
| Boghead liquide | 1 |
| Boghead liquide, par w. c. de 5,000 kilogrammes ou payant pour ce poids, sans responsabilité | 4 |
| Boghead solide | 4 |
| Bois à brûler dit de corde. T. S. no 17. | 3 |
| Bois à brûler non dénommés | 3 |
| Bois brut pour cannes ou parapluies | 3 |

| MARCHANDISES. | SÉRIES. |
|---|---|
| Bois de buis ou de bruyère, brut ou ébauché | 3 |
| Bois de campêche en bûches | 3 |
| Bois de campêche en bûches, par w. c. de 5,000 kilogrammes ou payant pour ce poids, sans responsabilité | 4 |
| Bois de charpente dont la longueur n'excède pas 6 mètres 50 T. S. no 17. | 3 |
| Bois de charronnage façonnés | 2 |
| Bois de charronnage non façonnés | 3 |
| Bois de cornouiller | 3 |
| Bois d'ébénisterie façonné | 1 |
| Bois d'ébénisterie non façonné | 3 |
| Bois façonnés dont la désignation suit, par w. c. de 5,000 kilogrammes ou payant pour ce poids: *croisées, persiennes, portes et volets* | 3 |
| Bois de fusain | 1 |
| Bois de fusils | 3 |
| Bois de fustet | 2 |
| Bois de menuiserie façonné | 1 |
| Bois de menuiserie non façonné | 3 |
| Bois de réglisse | 3 |
| Bois de teinture effilés ou moulus T. S. no 13. | 3 |
| Bois de teinture en bûches. T. S. no 13. | 4 |
| Bois en feuilles pour placage | 1 |
| Bois exotiques en billes ou en bûches | 4 |
| Bois jaune en bûches | 4 |
| Bois pour brosses et manches | 3 |
| Bois scié et débité pour allumettes | 3 |
| Bois triturés | 4 |
| Bois feuillard pour cercles et treillages | 3 |
| Boissellerie | 2 |
| Boissellerie par w. c. de 5,000 kilogrammes ou payant pour ce poids | 3 |
| Boissons non dénommées | 2 |
| Boissons non dénommées, en fûts, sans responsabilité | 3 |
| Boîtes à graisse. T. S. nos 14, 15. | 3 |
| Boîtes de roues. T. S. nos 14, 15. | 3 |
| Boîtes de tampons | 3 |
| Boîtes vides en bois blanc encaissées | 2 |
| Boîtes vides en bois blanc par w. c. de 5,000 kil. ou payant pour ce poids | 3 |
| Bombes | 3 |
| Bondes T. S. no 17. | 3 |
| Bonneterie | 1 |
| Borate de soude | 3 |
| Borax brut | 3 |
| Borax raffiné | 1 |
| Bouchons | 1 |
| Bougies | 1 |
| Bougies en caisses ou en tonneaux | 2 |
| Bougies en caisses ou en tonneaux, sans responsabilité | 3 |
| Boues T. S. no 12. | 5 |
| Boulets T. S. nos 14, 15. | 3 |
| Boulons T. S. nos 14, 15. | 3 |

(*) Conformément à l'article 10 des Tarifs généraux de petite vitesse des deux Compagnies, les marchandises suivies d'un astérisque sont taxées moitié en sus du prix fixé par le Tarif, lorsqu'elles ne pèsent pas 200 kilogrammes sous le volume d'un mètre cube. Cette augmentation n'est point applicable aux frais accessoires.

| MARCHANDISES. | SÉRIES. |
|---|---|
| Bourre de coton | 3 |
| Bourre de fusils | 2 |
| Bourre de laine | 3 |
| Bourre de poils d'animaux | 3 |
| Bourre de soie | 2 |
| Bourrelerie | 1 |
| Bourrées. T. S. n° 17. | 3 |
| Bouteilles vides | 2 |
| Bouteilles vides en caisses ou en harasses, sans responsabilité. T. S. n° 21. | 4 |
| Bouteilles vides en vrac par w. c. de 5,000 kilogrammes ou payant pour ce poids, sans responsabilité, emballage, déballage, chargement et déchargement par les soins et aux frais, risques et périls des expéditeurs ou des destinataires. T. S. n° 22. | 4 |
| Boutons | 1 |
| Boutons de porcelaine, sans responsabilité | 3 |
| Boyaux | 2 |
| Brai gras. T. S. n° 5. | 4 |
| Brai sec. T. S. n° 5. | 4 |
| Braise | 3 |
| Briques. T. S. n° 12. | 3 |
| Briques réfractaires. T. S. n° 12. | 3 |
| Broches en bois | 2 |
| Broches pour filature | 1 |
| Bronze en lingots. T. S. n°s 14, 15. | 3 |
| Brosserie | 1 |
| Bruyère | 3 |
| Bruyère par w. c. de 5,000 kilogrammes ou payant pour ce poids | 4 |
| Buis en rameaux (*) | 3 |
| **C** | |
| Câbles en chanvre | 3 |
| Câbles en fer. T. S. n°s 14, 15. | 3 |
| Cacao | 3 |
| Cachou | 2 |
| Cachou brut pour teinture, sans responsabilité | 3 |
| Cadres pour emballage, démontés T. S. n° 17. | 3 |
| Cadres pour tableaux ou glaces. | 1 |
| Cadres vides pour emballage (*) T. S. n° 17. | 2 |
| Café en grains | 3 |
| Café moulu | 2 |
| Cages (*). T. S. n° 17. | 1 |
| Cages pour emballage, démontées. T. S. n° 17. | 3 |
| Cages vides pour emballage (*). T. S. n° 17. | 1 |
| Cailloux. T. S. n° 17. | 5 |
| Caisses de voitures (*) | 1 |
| Caisses de voitures de chemin de fer et de wagons vides (*) | 1 |
| Caisses démontées. T. S. n° 17. | 3 |
| Caisses vides (*) T. S. n°s 17-22. | 1 |
| Calcaire asphaltique en moellons T. S. n° 17. | 3 |
| Calicot blanchi | 2 |
| Calicot blanchi emballé, sans responsabilité | 3 |
| Calicot écru | 2 |
| Calicot écru, sans responsabilité | 3 |
| Cameline (graine de) | 5 |
| Camions démontés | 3 |
| Camphre | 1 |
| Canevas | 1 |
| Cannelle | 1 |
| Cannes | 1 |
| Cantharides | 1 |
| Caoutchouc brut | 2 |
| Caoutchouc ouvré | 1 |
| Câpres conservées | 1 |
| Câpres fraîches | 1 |
| Capsules (Voir le Tarif exceptionnel fixé par l'article 11 des Tarifs généraux de petite vitesse des deux Compagnies | » |
| Caractères d'imprimerie | 1 |
| Caramel | 2 |
| Caramel en fûts | 2 |
| Caramel en fûts, sans responsabilité | 3 |
| Carbonate d'ammoniaque | 2 |
| Carbonate d'ammoniaque en fûts. | 3 |
| Carbonate de baryte | 4 |
| Carbonate de chaux | 4 |
| Carbonate de potasse. T. S. n° 13. | 4 |
| Carbonate de soude. T. S. n° 13, | 4 |
| Cardamome | 1 |
| Cardes | 1 |
| Carets (tortues) | 1 |
| Carmin d'indigo | 1 |
| Carnasse | 1 |
| Carottes | 3 |
| Carottes, par w. c. de 5,000 kilogrammes ou payant pour ce poids, sans responsabilité | 4 |
| Carottes (graine de) | 4 |
| Caroubes | 5 |
| Carreaux de meules. T. S. n° 16. | 3 |
| Carreaux en ciment | 3 |
| Carreaux en faïence | 1 |
| Carreaux en faïence, sans responsabilité | 3 |
| Carreaux en marbre | 1 |
| Carreaux en marbre, sans responsabilité | 3 |
| Carreaux en faïence et en marbre emballés, par w. c. de 5,000 kilogrammes ou payant pour ce poids, sans responsabilité | 4 |
| Carreaux en faïence et en marbre en vrac, par w. c. de 5,000 kilogrammes ou payant pour ce poids, sans responsabilité, chargement et déchargement par les soins et aux frais, risques et périls des expéditeurs ou des destinataires | 4 |
| Carreaux en pierre | 3 |
| Carreaux en terre cuite. T. S. n° 17. | 3 |
| Carrosserie (*) | 1 |
| Cartes à jouer | 1 |
| Cartes géographiques | 1 |
| Carton bitumé | 3 |
| Carton brut en feuilles | 1 |
| Carton brut en feuilles emballé, sans responsabilité | 3 |
| Carton goudronné pour toitures. | 3 |
| Carton lisse en feuilles | 1 |
| Carton lisse en feuilles emballé, sans responsabilité | 3 |
| Carton brut et lisse en vrac, sans responsabilité | 3 |
| Carton pâte en feuilles | 1 |
| Carton pâte en feuilles emballé, sans responsabilité | 3 |
| Carton pâte en vrac, sans responsabilité | 3 |
| Carton-pierre | 1 |
| Carton-pierre emballé, sans responsabilité | 2 |
| Cartonnage | 1 |
| Cascarille | 1 |
| Cassis (vin ou liqueur de) | 2 |
| Cassis en fûts, sans responsabilité | 3 |
| Castine. T. S. n° 17. | 5 |
| Cédrats | 1 |
| Cendres. T. S. n° 12. | 5 |
| Cendres d'orfèvre | 3 |
| Cercles en bois ... T. S n° 17. | 3 |
| Cercles en fer. T. S. n°s 14, 15. | 3 |
| Céréales | 5 |
| Céruse | 3 |
| Cévadille | 1 |
| Chaînes en fer. T. S. n°s 14, 15. | 3 |
| Chaises communes en bois blanc | 2 |
| Chaises fines en bois (*) | 1 |
| Chaises en fer (*) | 3 |
| Châles | 1 |
| Champignons frais | 1 |
| Champignons secs | 2 |
| Chandelles | 1 |
| Chandelles en caisses ou en tonneaux | 2 |
| Chandelles en caisses ou en tonneaux, sans responsabilité | 3 |
| Chanvre (graine de) | 5 |
| Chanvre brut ou teillé | 3 |
| Chanvre en tiges | 3 |
| Chanvre filé pour tissage | 1 |
| Chanvre filé simple écru pour tissage | 2 |
| Chanvre filé simple écru pour tissage, emballé, du n° 1 au n° 10 | 3 |
| Chanvre filé simple écru pour tissage, non emballé, sans responsabilité, du n° 1 au n° 10. | 3 |
| Chanvre cardé ou peigné | 3 |
| Chapeaux de paille (*) | 1 |
| Chapeaux de palmier ou de latanier (*) | 2 |
| Chapellerie (*) | 1 |
| Charbon de bois | 3 |
| Charbon de terre... T. S. n° 8. | 5 |
| Charbon dit *de Paris* | 3 |

(*) Conformément à l'article 10 des Tarifs généraux de petite vitesse des deux Compagnies, les marchandises suivies d'un astérisque sont taxées moitié en sus du prix fixé par le Tarif, lorsqu'elles ne pèsent pas 200 kilogrammes sous le volume d'un mètre cube. Cette augmentation n'est point applicable aux frais accessoires.

| MARCHANDISES. | SÉRIES. |
|---|---|
| Charcuterie | 1 |
| Chardons (*) | 2 |
| Charpentes en fer | 3 |
| Charrettes démontées | 2 |
| Charronnage | 2 |
| Chasselas | 1 |
| Châssis ferrés | 1 |
| Châtaignes | 3 |
| *Chaudières*.... T. S. nos 14, 15. | 3 |
| Chaudronnerie en cuivre | 2 |
| Chaudronnerie en fer | 3 |
| Chaudronnerie en fonte | 3 |
| Chaudronnerie en tôle | 3 |
| Chaudronnerie non dénommée | 1 |
| Chaussures | 1 |
| Chaux ............ T. S. n° 17. | 3 |
| Chenets en fonte | 3 |
| Cheveux | 1 |
| Chevillettes de rails. T. S. nos 14, 15 | 3 |
| Chevrons dont la longueur n'excède pas 6 mèt. 50. c. T. S. n° 17. | 3 |
| Chicorée en cossettes | 3 |
| Chicorée en cossettes, par w. c. de 5,000 kilogrammes ou payant pour ce poids, sans responsabilité | 4 |
| Chicorée en poudre | 3 |
| Chicorée en racines | 3 |
| Chicorée en racines, par w. c. de 5,000 kilogrammes ou payant pour ce poids, sans responsabilité | 4 |
| Chiendent | 2 |
| Chiffons | 4 |
| Chiffons triturés | 3 |
| Chinois | 1 |
| Chiques en agate | 3 |
| Chiques en grès | 4 |
| Chiques en marbre | 4 |
| Chlorate | 3 |
| Chlorure de chaux.. T. S. n° 15. | 4 |
| Chlorure de sodium | 4 |
| Chlorure de zinc | 1 |
| Chocolat | 1 |
| Choucroute | 4 |
| Choux | 3 |
| Choux, par w. c. de 5,000 kilogrammes ou payant pour ce poids | 4 |
| Chromate de fer | 3 |
| Chromate de potasse | 3 |
| Chromates non dénommés | 1 |
| Cidre | 2 |
| Cidre en fûts, sans responsabilité | 3 |
| Cigares | 1 |
| Ciment ............ T. S. n° 17. | 3 |
| Cinabre | 1 |
| Cirage | 3 |
| Cire à cacheter | 1 |
| Cire blanche | 1 |
| Cire brute | 3 |
| Citrates | 1 |
| Citrons | 1 |
| Citrouilles | 3 |
| Clappes .......... T. S. n° 17. | 3 |
| Cloches en métal | 1 |
| Cloches en métal fêlées ou brisées | 3 |
| Cloches en verre pour jardins (*) | 1 |
| Cloches en verre pour jardins en harasses, sans responsabilité | 3 |
| Clous en cuivre | 2 |
| Clous en fer... T. S. nos 14, 15. | 3 |
| Clous en zinc. T. S. nos 14, 15. | 3 |
| Clouterie en fer (clous à vis et à pointes).... T. S. nos 14, 15. | 3 |
| Coaltar liquide | 4 |
| Coaltar solide | 4 |
| Cobalt en pierre | 3 |
| Cobalt en poudre | 1 |
| Cochenille | 1 |
| Cocons | 1 |
| Cocos bruts | 2 |
| Cocos ouvrés | 1 |
| Coffres-forts | 2 |
| Coins en bois..... T. S. n° 17. | 3 |
| Coins en fer.. T. S. nos 14, 15. | 3 |
| Coke ............ T. S. n° 8. | 5 |
| Coke de boghead... T. S. n° 8. | 5 |
| Colle de peau | 3 |
| Colle de peau en fûts, sans responsabilité | 4 |
| Colle de poisson | 1 |
| Colle forte | 2 |
| Colle forte en fûts, sans responsabilité | 3 |
| Colonnes en fonte, dont la longueur n'excède pas 6m 50. T. S. nos 14, 15. | 3 |
| Colophane ......... T. S. n° 3. | 3 |
| Colza (graine de) | 5 |
| Compteurs à gaz | 1 |
| Concombres | 2 |
| Confiserie | 1 |
| Confitures | 1 |
| Confitures en fûts, sans responsabilité | 3 |
| Conserves de viandes | 2 |
| Conserves de viandes en fûts ou en caisses | 3 |
| Conserves alimentaires non dénommées | 2 |
| Copahu | 1 |
| Copal | 1 |
| Coprolithes | 5 |
| Coques de cacao | 3 |
| Coquillages frais | 1 |
| Coquillages ouvrés | 1 |
| Coquillages secs | 1 |
| Corail | 1 |
| Cordages | 3 |
| Cordes | 3 |
| Cordes d'instruments | 1 |
| Coriandre | 1 |
| Corinthes | 2 |
| Cornes non ouvrées | 2 |
| Cornes ouvrées | 1 |
| Cornes non ouvrées emballées | 3 |
| Cornes non ouvrées, par w. c. de 5,000 kilogrammes ou payant pour ce poids | 4 |
| Cornichons conservés | 1 |
| Cornichons frais | 1 |
| Cornichons frais en barils ou en caisses, sans responsabilité | 2 |
| Cornières en fer.. T. S. nos 14, 15. | 3 |
| Cornues en fer | 3 |
| Cornues en terre cuite | 1 |
| Cornues en terre cuite, en harasses ou paniers | 3 |
| Cornues en terre cuite, non emballées, sans responsabilité | 2 |
| Cornues en verre (*) | 1 |
| Cornues en verre, en harasses, sans responsabilité | 3 |
| Corossos | 3 |
| Coton brut ....... T. S. n° 20. | 3 |
| Coton cardé | 2 |
| Coton filé pour tissage | 1 |
| Coton filé pour tissage en balles, caisses, harasses ou paniers, sans responsabilité | 2 |
| Cotonnades | 1 |
| Cotrets ........... T. S n° 17 | 3 |
| Couffes vides | 3 |
| Couleurs communes | 1 |
| Couleurs fines | 1 |
| Couleurs en barils, sans responsabilité | 2 |
| Couperose | 4 |
| Coussinets en fonte pour rails. T. S. n° 15. | 3 |
| Coutellerie | 1 |
| Coutils | 1 |
| Couvertures de coton et de laine | 1 |
| Craie ............ T. S. n° 17. | 3 |
| Crayons | 1 |
| Crème de tartre | 3 |
| Crémone | 3 |
| Crépins | 3 |
| Creusets | 1 |
| Creusets en caisses, harasses ou paniers | 3 |
| Creusets non emballés, sans responsabilité | 2 |
| Crics ......... T. S. nos 14, 15. | 3 |
| Crin brut | 3 |
| Crin ouvré | 1 |
| Crin végétal brut | 3 |
| Crin végétal ouvré | 2 |
| Crin en torsades | 3 |
| Cristaux | 1 |
| Cristaux de soude. T. S. n° 15. | 4 |
| Cruchons vides | 1 |
| Cruchons vides en harasses ou en paniers | 3 |
| Cruchons vides non emballés, sans responsabilité | 2 |
| Cubèbe | 1 |
| Cuirs corroyés | 2 |
| Cuirs de tenture | 1 |
| Cuirs ouvrés | 1 |
| Cuirs secs en poils | 3 |
| Cuirs tannés | 3 |
| Cuirs vernis, maroquinés ou teints | 1 |
| Cuirs verts salés ou non | 2 |

(*) Conformément à l'article 10 des Tarifs généraux de petite vitesse des deux Compagnies, les marchandises suivies d'un astérisque sont taxées moitié en sus du prix fixé par le Tarif, lorsqu'elles ne pèsent pas 200 kilogrammes sous le volume d'un mètre cube. Cette augmentation n'est point applicable aux frais accessoires.

| MARCHANDISES. | SÉRIES. |
|---|---|
| Cuirs verts, salés ou non, par w. c. de 5,000 kilogr. ou payant pour ce poids | 5 |
| Cuirs en croûtes | 3 |
| Cuirs parés à la lunette | 3 |
| Cuivre de doublage. T. S. nos 14, 15. | 5 |
| Cuivre en barres. T. S. nos 14, 15. | 3 |
| Cuivre en feuilles. T. S. nos 14, 15. | 3 |
| Cuivre en plaques. T. S. nos 14, 15. | 3 |
| Cuivre en saumons. T. S. nos 14, 15. | 5 |
| Cuivre ouvré | 2 |
| Cumin | 1 |
| Curcuma en poudre | 1 |
| Curcuma en racines | 5 |
| Cuviers. T. S. no 17. | 3 |
| Cyanures | 1 |
| Cylindres en verre (*) | 1 |
| Cylindres en verre, en caisses, en harasses ou paniers | 2 |
| Cylindres en verre non emballés, sans responsabilité | 5 |
| **D** | |
| Daguerréotypes | 1 |
| Dalles en granit... T. S. no 17. | 5 |
| Dalles de pierre... T. S. no 17. | 5 |
| Dames-jeannes (*) | 1 |
| Dames-jeannes en caisses ou en harasses, sans responsabilité pour la casse de route (*) | 3 |
| Dames-jeannes en vrac, par w. c. de 5,000 kilogrammes ou payant pour ce poids, sans responsabilité; emballage, déballage, chargement et déchargement, par les soins et aux frais, risques et périls des expéditeurs ou des destinataires | 3 |
| Dari (graine de) | 4 |
| Dattes | 1 |
| Déchets de boucherie. T. S. no 12. | 5 |
| Déchets de corne ou d'os. T. S. no 17. | 3 |
| Déchets de coton | 5 |
| Déchets de coton filé fin (dits bouts de canettes) | 4 |
| Déchets de cuir... T. S. no 17. | 5 |
| Déchets d'étoupes | 5 |
| Déchets de fil de laine, de fil de lin ou de fil de coton | 5 |
| Déchets de frisons | 5 |
| Déchets de laine | 3 |
| Déchets de lin | 5 |
| Déchets de papier ou de carton | 4 |
| Déchets de peaux. T. S. no 17. | 5 |
| Déchets de poterie | 4 |
| Déchets de soie | 5 |
| Déchets de tannerie. T. S. no 12. | 5 |
| Déchets non dénommés | 3 |
| Dégras | 5 |
| Denrées coloniales non dénommées | 1 |
| Dentelles (voir le Tarif exceptionnel fixé par l'art. 8 des Tarifs généraux de petite vitesse des deux Compagnies) | » |
| Dents d'éléphant | 1 |
| Dextrine | 5 |
| Disse et autres plantes pour papier | 3 |
| Dividivi | 4 |
| Douelles. T. S. no 17. | 5 |
| Douves. T. S. no 17. | 5 |
| Dragées | 1 |
| Draperie | 1 |
| Drilles | 4 |
| Drogueries non dénommées | 1 |
| Drogues | 1 |
| Duvets (*) | 1 |
| **E** | |
| Eau ammoniacale | 1 |
| Eau de Cologne | 1 |
| Eau de fleurs d'oranger | 1 |
| Eau de Javelle | 2 |
| Eau de Javelle en barils ou en touries, sans responsabilité | 5 |
| Eau de mer | 4 |
| Eau de rose | 1 |
| Eau-de-vie | 2 |
| Eau-de-vie en fûts | 3 |
| Eau distillée | 1 |
| Eau douce | 5 |
| Eaux minérales... T. S. no 21. | 5 |
| Eaux minérales en caisses ou paniers, sans responsabilité. T. S. no 5. | 4 |
| Écaille | 1 |
| Échalas. T. S. no 17. | 3 |
| Éclisses pour rails. T. S. no 15. | 5 |
| Écorces à brûler.. T. S. no 17. | 3 |
| Écorces à tan. T. S. no 15. | 3 |
| Écorces de citrons | 1 |
| Écorces d'oranges | 1 |
| Écorces de quercitron | 4 |
| Écorces de quillai ou de panama | 5 |
| Écorces de quinquina | 1 |
| Écorces non dénommées | 1 |
| Écorces en sacs par w. c. de 4,000 kilogrammes ou payant pour ce poids | 4 |
| Écrans | 1 |
| Effets à usage | 1 |
| Élastiques (ressorts pour meubles) | 2 |
| Ellébore | 1 |
| Émail | 1 |
| Émeri brut | 3 |
| Émeri en poudre | 3 |
| Encens | 1 |
| Enchapes | 5 |
| Enclumes. T. S. nos 14, 15. | 5 |
| Encre | 2 |
| Encre en fûts | 5 |
| Engrais de mer. T. S. no 12. | 5 |
| Engrais non dénommés.. T. S. no 12. | 5 |
| Épiceries non dénommées | 1 |
| Épingles | 1 |
| Éponges (*) | 1 |
| Équipements militaires | 1 |
| Ergots | 2 |
| Escarbilles. T. S. no 17. | 5 |
| Escargots | 1 |
| Escourgeon | 5 |
| Essence de térébenthine | 1 |
| Essence de térébenthine en caisses | 2 |
| Essence de térébenthine en fûts | 3 |
| Essieux montés. T. S. nos 14, 15. | 3 |
| Essieux non montés. T. S. nos 14, 15. | 5 |
| Estampes | 1 |
| Étain non ouvré. T. S. nos 14, 15. | 3 |
| Étain ouvré | 2 |
| Étaux. T. S. nos 14, 15. | 5 |
| Éther (Voir le Tarif exceptionnel fixé par l'article 11 des Tarifs généraux de petite vitesse des deux Compagnies) | » |
| Étoffes de coton, de laine, de lin ou de soie | 1 |
| Étoupes | 2 |
| Étoupes emballées | 3 |
| Étrilles | 1 |
| Étrilles emballées | 2 |
| Euphorbe | 1 |
| Éventails | 1 |
| Extraits tinctoriaux | 2 |
| Extraits tinctoriaux en fûts | 3 |
| **F** | |
| Fagots. T. S. no 17. | 5 |
| Faïence | 1 |
| Faïence commune emballée | 3 |
| Faïence fine emballée | 2 |
| Faïence commune en vrac par w. c. de 5,000 kilogrammes ou payant pour ce poids, sans responsabilité; chargement et déchargement par les soins et aux frais, risques et périls des expéditeurs ou des destinataires | 5 |
| Faînes | 3 |
| Fanons de baleine | 2 |
| Farines alimentaires | 5 |
| Farine de lin | 3 |

(*) Conformément à l'article 10 des Tarifs généraux de petite vitesse des deux Compagnies, les marchandises suivies d'un astérisque sont taxées moitié en sus du prix fixé par le Tarif, lorsqu'elles ne pèsent pas 200 kilogrammes sous le volume d'un mètre cube. Cette augmentation n'est point applicable aux frais accessoires.

| MARCHANDISES. | SÉRIES. |
|---|---|
| Farine de moutarde | 3 |
| Faucilles | 3 |
| Faussets | 1 |
| Faux | 3 |
| Fèces (résidus d'épuration d'huile) | 3 |
| Fécules exotiques non dénommées | 1 |
| Fécules indigènes... T. S. nº 5. | 4 |
| Fer battu (objets en) T. S. nºs 14, 15. | 2 |
| Fer-blanc en feuilles | 2 |
| Ferblanterie | 1 |
| Ferblanterie en caisses ou en paniers.... .. T. S. nºs 14, 15. | 2 |
| Fer d'ornement | 2 |
| Fer en barres. T. S. nºs 14, 15. | 3 |
| Fer en pièces forgées. T. S. nºs 14, 15. | 3 |
| Fer feuillard. T. S. nºs 14, 15. | 2 |
| Fer ouvré | 2 |
| Fers pour planchers | 3 |
| Ferraille...... T. S. nºs 14, 15. | 3 |
| Fer riblon.... T. S. nºs 14, 15. | 3 |
| Ferronnerie... T. S. nºs 14, 15. | 2 |
| Feuilles de mûrier | 2 |
| Feuilles d'oranger | 1 |
| Feuilles et tiges de latanier | 3 |
| Feuilles et tiges de palmier | 3 |
| Feuilles non dénommées | 1 |
| Feuilles pour engrais (*). T. S. nº 17. | 5 |
| Feutre | 1 |
| Feutre grossier en bourre de veau | 3 |
| Féveroles | 5 |
| Fèves fraîches | 3 |
| Fèves sèches | 5 |
| Ficelle | 3 |
| Figues fraîches | 1 |
| Figues sèches | 2 |
| Filasse | 2 |
| Filasse emballée | 3 |
| Filets de chasse ou de pêche | 1 |
| Filin | 1 |
| Fil d'acier... T. S. nºs 14, 15. | 3 |
| Fils de chanvre, de coton, de laine ou de lin pour broder ou pour coudre | 1 |
| Fils de chanvre, d'étoupe et de lin simples, écrus, pour tissage. | 2 |
| Fils de chanvre, d'étoupe et de lin simples, écrus, pour tissage, emballés, du nº 1 au nº 10 | 3 |
| Fils de chanvre, d'étoupe et de lin, simples, écrus pour tissage, non emballés, sans responsabilité, du nº 1 au nº 10 | 3 |
| Fils de chanvre, de laine et de lin pour tissage | 1 |
| Fils de coton pour tissage | 1 |
| Fils de coton pour tissage, en caisses, harasses ou paniers, sans responsabilité | 2 |
| Fil de cuivre.. T. S. nºs 14, 15. | 3 |
| Fil de fer.... T. S. nºs 14, 15. | 3 |
| Fils de jute simples, écrus, pour tissage | 2 |
| Fils de jute simples, écrus, pour tissage, emballés | 3 |
| Fils de jute simples, écrus, pour tissage, non emballés, sans responsabilité | 3 |
| Fils de laiton. T. S. nºs 14, 15. | 3 |
| Fils de soie | 1 |
| Fils métalliques non dénommés. | 2 |
| Filtres en grès | 2 |
| Filtres en grès emballés, sans responsabilité | 3 |
| Flanelles | 1 |
| Flegmes | 3 |
| Fleur de soufre | 3 |
| Fleurs artificielles (*) | 1 |
| Fleurs médicinales | 1 |
| Fleurs sèches | 1 |
| Fleurs vivantes (*) | 1 |
| Foies de canard ou d'oie | 1 |
| Foin (*)........... T. S. nº 17. | 2 |
| Fontaines | 1 |
| Fontes brutes.. T. S. nºs 14, 15. | 3 |
| Fontes d'ornement. T. S. nºs 14, 15. | 2 |
| Fontes moulées. T. S. nºs 14, 15. | 2 |
| Formes à sucre en terre cuite | 1 |
| Formes à sucre en terre cuite, en caisses, harasses ou paniers | 3 |
| Formes à sucre en terre cuite, en vrac, sans responsabilité | 2 |
| Formes à sucre en tôle | 2 |
| Foudres démontés.. T. S. nº 17. | 3 |
| Foudres vides (*).. T. S. nº 17. | 1 |
| Fourneaux économiques | 2 |
| Fournitures de bureaux | 1 |
| Fourrages secs (*).. T. S. nº 17. | 2 |
| Fourrages verts (*). T. S. nº 17. | 3 |
| Fourrures | 1 |
| Friperie | 1 |
| Frises en chêne ou en sapin. T. S. nº 13. | 3 |
| Frisons de soie | 1 |
| Fromages frais | 1 |
| Fromages secs | 3 |
| Fruits au jus | 1 |
| Fruits confits | 1 |
| Fruits frais non dénommés | 1 |
| Fruits pour boisson | 1 |
| Fruits pour distillerie | 1 |
| Fruits secs non dénommés | 2 |
| Fulminates (Voir le Tarif exceptionnel fixé par l'article 11 des Tarifs généraux de petite vitesse des deux Compagnies) | » |
| Fumier........... T. S. nº 12. | 5 |
| Fustet | 2 |
| Fûts démontés..... T. S. nº 17. | 3 |
| Fûts vides (*).. T. S. nºs 17, 22. | 1 |
| **G** | |
| Galbanum......... T. S. nº 5. | 1 |
| Galène | 3 |
| Galipot | 3 |
| Galoches | 3 |
| Gambier | 3 |
| Ganterie | 1 |
| Garance en poudre.. T. S. nº 5. | 3 |
| Garance en racines. T. S. nº 5. | 3 |
| Garancine.......... T. S. nº 5. | 3 |
| Gaudes | 3 |
| Gaudes par w. c. de 5,000 kilogrammes ou payant pour ce poids | 4 |
| Gélatine | 1 |
| Générateur dont la longueur n'excède pas 6m 50 | 3 |
| Genièvre en grains | 3 |
| Genièvre (liqueur de) | 2 |
| Genièvre en fûts, sans responsabilité | 3 |
| Gentiane | 3 |
| Gibier | 1 |
| Gingembre | 1 |
| Girofle | 2 |
| Glace (eau congelée). T. S. nº 17. | 1 |
| Glaces avec ou sans tain | 1 |
| Glands | 4 |
| Glu | 1 |
| Glu marine | 3 |
| Glucose.......... T. S. nº 5. | 4 |
| Gluten | 3 |
| Glycerine ou parement Freppel. | 1 |
| Glycerine ou parement Freppel en touries, sans responsabilité. | 2 |
| Glycerine ou parement Freppel en fûts, sans responsabilité | 3 |
| Gobeleterie en verre | 1 |
| Gobeleterie en verre, emballée sans responsabilité | 2 |
| Gomme arabique....T. S. nº 5. | 2 |
| Gomme copal | 1 |
| Gomme laque | 1 |
| Gomme résine......T. S. nº 5. | 2 |
| Goudron.......... T. S. nº 17. | 4 |
| Graines fourragères et oléagineuses non dénommées | 5 |
| Graines potagères | 2 |
| Graines tinctoriales | 2 |
| Graines non dénommées | 2 |
| Grains | 5 |
| Graisse | 3 |
| Granit............ T. S. nº 17 | 3 |
| Graphite | 3 |
| Gravier.......... T. S. nº 17 | 5 |
| Grelots | 1 |
| Grenades | 1 |
| Grenaille | 3 |
| Groisil........... T. S. nº 17. | 3 |
| Gruau | 4 |
| Guano........... T. S. nº 12. | 5 |
| Gutta-percha brute | 3 |
| Gutta-percha ouvrée | 1 |

(*) Conformément à l'article 10 des Tarifs généraux de petite vitesse des deux Compagnies, les marchandises suivies d'un astérisque sont taxées moitié en sus du prix fixé par le Tarif, lorsqu'elles ne pèsent pas 200 kilogrammes sous le volume d'un mètre cube. Cette augmentation n'est point applicable aux frais accessoires.

| MARCHANDISES. | SÉRIES. |
| --- | --- |
| **H** | |
| Halpha (*) | 4 |
| Harengs salés | 2 |
| Harengs salés en fûts, sans responsabilité | 3 |
| Harengs saurs | 3 |
| Haricots frais | 3 |
| Haricots secs | 5 |
| Herboristerie non dénommée | 1 |
| Hermodacte | 1 |
| Horlogerie | 1 |
| Horlogerie de Morez | 2 |
| Horlogerie en bois | 2 |
| Houblon | 1 |
| Houille .......... T. S. n° 8. | 5 |
| Huile d'aspic | 1 |
| Huile de coco | 3 |
| Huile de graine | 2 |
| Huile de graine en fûts, sans responsabilité | 3 |
| Huile de naphte | 1 |
| Huile de naphte en bombonnes bouteilles ou touries, renfermées dans des cages ou caisses, sans responsabilité | 4 |
| Huile de naphte en fûts, sans responsabilité | 4 |
| Huile de noix | 3 |
| Huile d'olive | 1 |
| Huile d'olive en fûts, sans responsabilité | 2 |
| Huile de palme | 3 |
| Huile de pétrole | 1 |
| Huile de pétrole en bombonnes, bouteilles, renfermées dans des cages ou caisses, sans responsabilité | 4 |
| Huile de pétrole en fûts, sans responsabilité | 4 |
| Huile de poisson | 2 |
| Huile de ricin et autres huiles médicinales | 1 |
| Huile de schiste | 1 |
| Huile de schiste en bombonnes, bouteilles ou touries, renfermées dans des cages ou caisses, sans responsabilité | 4 |
| Huile de schiste en fûts, sans responsabilité | 4 |
| Huile de suif | 3 |
| Huiles concrètes | 3 |
| Huiles essentielles | 1 |
| Huiles non dénommées | 1 |
| Huiles non dénommées en fûts, sans responsabilité | 2 |
| Huîtres | 1 |
| Hydromel | 2 |
| Hydromel en fûts, sans responsabilité | 3 |
| **I** | |
| Immortelles | 1 |
| Imprimés | 1 |
| Indiennes | 1 |
| Indigo | 1 |
| Instruments agricoles. T. S. n° 23 | 3 |
| Instruments de chirurgie | 1 |
| Instruments de musique | 1 |
| Instruments d'optique, de physique et de précision | 1 |
| Ipécacuanha | 1 |
| Iris en poudre | 1 |
| Iris en racines | 1 |
| Issues de grains | 5 |
| Ivoire | 1 |
| **J** | |
| Jalap | 1 |
| Jambons | 3 |
| Jantes en bois | 3 |
| Jarosse | 3 |
| Jarres (*) | 1 |
| Jarres en caisses, harasses ou paniers (*) | 2 |
| Jarres par w. c. de 5,000 kilogrammes ou payant pour ce poids, sans responsabilité | 3 |
| Jaunes de chrome et de Naples | 1 |
| Joncs | 2 |
| Jouets | 1 |
| Jujube | 1 |
| Jus de citrons | 1 |
| Jus de fruits | 1 |
| Jus de fruits en fûts, sans responsabilité | 3 |
| Jute | 2 |
| Jute emballé | 3 |
| **K** | |
| Kaolin .......... T. S. n° 17. | 3 |
| Kermès | 1 |
| Kirsch | 2 |
| Kirsch en fûts, sans responsabilité | 3 |
| **L** | |
| Lacdye | 2 |
| Lainages tissés | 1 |
| Laine brute ou en suint | 3 |
| Laine filée pour tissage | 1 * |
| Laine lavée | 2 |
| Laine peignée ou cardée | 2 |
| Lait | 1 |
| Laiton en barres. T. S. n^os 14, 15. | 3 |
| Laiton en feuilles. T. S. n^os 14, 15. | 3 |
| Laiton en fils... T. S. n^os 14, 15. | 3 |
| Laiton en saumons. T. S. n^os 14, 15. | 3 |
| Lames de scie .. T. S. n^os 14, 15. | 1 |
| Lampisterie | 1 |
| Langues de bœuf fumées | 2 |
| Laque | 1 |
| Lard fumé ou salé | 3 |
| Lattes .......... T. S. n° 17. | 3 |
| Laudanum | 1 |
| Laurier en bottes | 1 |
| Légumes comprimés | 2 |
| Légumes desséchés | 2 |
| Légumes en conserves | 2 |
| Légumes farineux non dénommés | 4 |
| Légumes frais non dénommés | 3 |
| Légumes frais, par w. c. de 5,000 kilogrammes ou payant pour ce poids | 4 |
| Légumes secs non dénommés | 5 |
| Lentilles | 5 |
| Leviers ....... T. S. n^os 14, 15. | 3 |
| Levûre fraîche | 1 |
| Levûre sèche | 2 |
| Librairie | 1 |
| Lichen | 1 |
| Lie de vin | 3 |
| Lie de bière | 4 |
| Liége brut | 2 |
| Liége ouvré | 1 |
| Liens en bois | 3 |
| Lignite | 5 |
| Limaille | 3 * |
| Limes | 2 |
| Limonades gazeuzes | 3 |
| Limonades gazeuses en caisses ou en paniers, sans responsabilité | 4 |
| Limousines | 1 |
| Lin (graine de) | 5 |
| Lin brut ou teillé | 3 |
| Lin en tiges | 3 |
| Lin filé pour tissage | 1 |
| Lin filé simple écru pour tissage | 2 |
| Lin filé simple écru pour tissage, emballé, du n° 1 au n° 10 | 3 |
| Lin filé simple, écru, pour tis- | |

(*) Conformément à l'article 10 des Tarifs généraux de petite vitesse des deux Compagnies, les marchandises suivies d'un astérisque sont taxées moitié en sus du prix fixé par le Tarif, lorsqu'elles ne pèsent pas 200 kilogrammes sous le volume d'un mètre cube. Cette augmentation n'est point applicable aux frais accessoires.

| MARCHANDISES. | SÉRIES. |
|---|---|
| sage, non emballé, sans responsabilité, du n° 1 au n° 10.... | 3 |
| Lin peigné ou cardé............ | 2 |
| Lingerie........................ | 1 |
| Liqueurs en paniers ou en caisses. | 2 |
| Liqueurs non dénommées....... | 2 |
| Liqueurs non dénommées en fûts, sans responsabilité............ | 3 |
| Lisières de drap............... | 3 |
| Literie (*)..................... | 1 |
| Litharge....................... | 3 |
| Lits en fer décorés (*)......... | 1 |
| Lits en fer non décorés (*). T. S. n°s 14, 15. | 2 |
| Locomobiles (*)................ | 1 |
| Louchets....................... | 3 |
| Luciline....................... | 1 |
| Luciline en bombonnes, bouteilles ou touries, renfermées dans des cages ou caisses, sans responsabilité................ | 4 |
| Luciline en fûts, sans responsabilité....................... | 4 |
| Luzerne (graine de)............ | 5 |
| **M** | |
| Macaroni...................... | 3 |
| Machines...................... | 1 |
| Machines non emballées, sans responsabilité................. | 2 |
| Machines emballées T. S. n° 19. | 3 |
| Machines à battre (*).......... | 1 |
| Madriers dont la longueur n'excède pas 6m 50... T. S. n° 17. | 3 |
| Magnésie..................... | 1 |
| Maïs.......................... | 5 |
| Malachite brute............... | 3 |
| Malachite ouvrée.............. | 1 |
| Malt.......................... | 5 |
| Manches en bois.............. | 4 |
| Manches de fouets dits *perpignans*...................... | 1 |
| Manganèse........ T. S. n° 17. | 4 |
| Manne......................... | 1 |
| Marbres artificiels............ | 1 |
| Marbres en blocs bruts........ | 3 |
| Marbres en tranches isolées.... | 2 |
| Marbres en tranches isolées, sans responsabilité........... | 3 |
| Marbres en tranches scellées ensemble avec plâtre ou ciment. | 2 |
| Marbres en tranches scellées ensemble avec plâtre ou ciment, sans responsabilité........... | 3 |
| Marbres ouvrés ou polis........ | 1 |
| Marc d'olives.................. | 3 |
| Marc de pommes............... | 3 |
| Marc de raisins................ | 3 |
| Marègues..................... | 1 |
| Marne............... T. S. n° 17. | 5 |
| Maroquins..................... | 1 |
| Marrons....................... | 3 |
| Masses indivisibles pesant plus de 5,000 kilogrammes (voir le tarif exceptionnel fixé par l'art. 12 des Tarifs généraux de petite vitesse des deux Compagnies.. | » |
| Massiaux...... T. S. n°s 14, 15. | 3 |
| Mastic......................... | 3 |
| Matériaux pour la construction et la réparation des routes T. S. n° 17. | 5 |
| Matières bitumineuses solides.. | 3 |
| Mâts dont la longueur n'excède pas 6m 50............. T. S. n° 17. | 3 |
| Mécaniques.................... | 1 |
| Mécaniques non emballées, sans responsabilité................ | 2 |
| Mécaniques emballées T. S. n° 19. | 3 |
| Mèches de coton............... | 1 |
| Mèches de mineurs............. | 1 |
| Médicaments non dénommés.... | 1 |
| Mélasse............... T. S. n° 5. | 3 |
| Melons......................... | 1 |
| Mercerie....................... | 1 |
| Mercure....................... | 1 |
| Mérinos....................... | 1 |
| Merrains........... T. S. n° 17. | 3 |
| Métaux bruts non dénommés... | 3 |
| Métaux ouvrés non dénommés.. | 2 |
| Méthylène..................... | 1 |
| Meubles....................... | 1 |
| Meubles, par w. c. de 4,000 kilogrammes ou payant pour ce poids, sans responsabilité, chargement et déchargement par les soins et aux frais, risques et périls des expéditeurs ou des destinataires.............. | 3 |
| Meules à aiguiser ou à émoudre......................... | 2 |
| Meules à aiguiser ou à émoudre, sans responsabilité.......... | 3 |
| Meules à moudre.............. | 3 |
| Meulières.......... T. S. n° 17. | 3 |
| Mica en feuilles............... | 2 |
| Mica en poudre............... | 2 |
| Miel blanc..................... | 1 |
| Miel roux...................... | 1 |
| Millet (graine de)............. | 5 |
| Mine de plomb................ | 3 |
| Mine orange.................. | 2 |
| Minerai de fer.. T. S. n°s 12. 15. | 3 |
| Minerai de plomb T. S. n°s 14. 15 | 3 |
| Minerais non dénommés... T. S. n°s 14. 15. | 3 |
| Minette (graine de)........... | 4 |
| Minium........................ | 3 |
| Miroirs........................ | 1 |
| Mitraille de cuivre............ | 3 |
| Mitraille de fer ou de fonte T. S. n°s 14, 15. | 3 |
| Moellons.......... T. S. n° 17. | 3 |
| Molleton...................... | 1 |
| Monnaie de billon............ | 1 |
| Morfil......................... | 1 |
| Morue salée ou verte......... | 3 |
| Morue sèche.................. | 3 |
| Mottes à brûler..... T. S. n° 17. | 3 |
| Mouches à miel................ | 1 |
| Moules (coquillages).......... | 1 |
| Moules et modèles............. | 1 |
| Mousse........................ | 1 |
| Moutarde (graine de).......... | 5 |
| Moutarde préparée............ | 1 |
| Moutarde préparée en fûts ou en pots, emballés............... | 2 |
| Moyeux en bois............... | 3 |
| Moyeux en fonte T. S. n°s 14, 15. | 3 |
| Muriate de potasse........... | 3 |
| Muriate de soude.............. | 3 |
| Musc.......................... | 1 |
| Muscades...................... | 1 |
| Myrobolans.................... | 3 |
| Myrrhe........................ | 1 |
| **N** | |
| Nacre brute................... | 3 |
| Nacre ouvrée.................. | 1 |
| Naphte solide................. | 4 |
| Natron........................ | 4 |
| Nattes........................ | 1 |
| Navets......................... | 3 |
| Navets par w. c. de 5,000 kilogrammes ou payant pour ce poids......................... | 4 |
| Navette (graine de)........... | 5 |
| Nerprun (graine de)........... | 2 |
| Nitrate de potasse............. | 4 |
| Nitrade de soude.............. | 4 |
| Noir animal................... | 3 |
| Noir animal par w. c. de 5,000 kilogrammes ou payant pour ce poids.............. T. S. n° 17. | 4 |
| Noir animal pour engrais.. T. S. n° 17. | 5 |
| Noir de fumée................ | 1 |
| Noir d'ivoire.................. | 1 |
| Noir d'os...................... | 3 |
| Noir d'os par w. c. de 5,000 kilogrammes ou payant pour ce poids............ T. S. n. 17. | 4 |
| Noir léger..................... | 1 |
| Noir minéral.................. | 4 |
| Noir végétal................... | 3 |
| Noisettes fraîches............. | 1 |
| Noisettes sèches.............. | 2 |
| Noisettes sèches en sacs....... | 3 |
| Noix de coco.................. | 2 |
| Noix fraîches.................. | 1 |
| Noix sèches................... | 2 |
| Noix sèches en sacs........... | 4 |
| Noix de galle.................. | 3 |
| Noix vomique.................. | 1 |
| Noyaux concassés............. | 3 |
| Noyaux non concassés......... | 3 |

(*) Conformément à l'article 10 des Tarifs généraux de petite vitesse des deux Compagnies, les marchandises suivies d'un astérisque sont taxées moitié en sus du prix fixé par le Tarif, lorsqu'elles ne pèsent pas 200 kilogrammes sous le volume d'un mètre cube. Cette augmentation n'est point applicable aux frais accessoires.

| MARCHANDISES. | SÉRIES. |
|---|---|
| **O** | |
| Objets dangereux pour lesquels des règlements de police prescriraient des précautions spéciales. (Voir le Tarif exceptionnel fixé par l'article 11 des Tarifs généraux de petite vitesse des deux Compagnies) | » |
| Objets d'art (statues, tableaux, bronzes d'art). (Voir le Tarif exceptionnel fixé par l'article 8 des Tarifs généraux de petite vitesse des deux Compagnies.) | » |
| Objets dont les dimensions excèdent celles du matériel. (Voir l'article 12 des Tarifs généraux de petite vitesse des deux Compagnies) | » |
| Objets ne pesant pas 200 kilogr. sous le volume d'un mètre cube. (Voir le tarif exceptionnel fixé par l'article 10 des Tarifs généraux de petite vitesse des deux Compagnies) | » |
| Objets de collection | 1 |
| Objets manufacturés non dénommés (*) | 1 |
| Ocre | 3 |
| Ocre par w. c. de 5,000 kilogrammes ou payant pour ce poids, sans responsabilité. T. S. n° 13. | 4 |
| Œillette (graine d') | 5 |
| Œufs | 1 |
| Oignons brûlés | 3 |
| Oignons de fleurs | 1 |
| Oignons frais | 1 |
| Oignons secs | 3 |
| Oignons par w. c. de 5,000 kilogrammes ou payant pour ce poids | 4 |
| Oléine | 3 |
| Olives conservées | 1 |
| Olives fraîches | 1 |
| Olives en barils | 3 |
| Olives en caisses | 2 |
| Ombrelles | 1 |
| Onglons de bétail | 2 |
| Onglons de tortue | 2 |
| Onglons par w. c. de 5.000 kilogrammes ou payant pour ce poids | 4 |
| Opium | 1 |
| Oranges | 1 |
| Orangettes | 1 |
| Orcanette | 3 |
| Orge | 5 |
| Orge germée | 5 |
| Orge perlé | 3 |
| Orgues | 1 |
| Ornements en fer | 2 |
| Ornements en fonte | 2 |
| Orpiment | 3 |
| Orseille | 3 |
| Os bruts | 3 |
| Os bruts en sacs. . T. S. n° 17. | 4 |
| Os concassés | 3 |
| Os concassés en sacs. T. S n° 17 | 4 |
| Os de seiche | 1 |
| Os en poudre | 3 |
| Os en poudre par w. c. de 5,000 kilogrammes ou payant pour ce poids, sans responsabilité. T. S. n° 17. | 4 |
| Os ouvrés | 1 |
| Osiers. T. S. n° 17. | 3 |
| Ouate (*) | 1 |
| Outils non dénommés | 2 |
| **P** | |
| Paillassons | 3 |
| Paille commune tressée | 1 |
| Paille fine, tressée ou non tressée | 1 |
| Paille de maïs (*) | 2 |
| Paille de maïs par w. c. de 4,000 kilogrammes ou payant pour ce poids | 4 |
| Pailles non dénommées (*) T. S. n° 17. | 2 |
| Pain | 4 |
| Pain d'épices | 2 |
| Palmier nain en fibres | 3 |
| Pamelle | 2 |
| Paniers vides (*). . . . T. S. n° 22. | 1 |
| Panneaux en faïence | 1 |
| Panneaux en faïence en cadres, sans responsabilité | 2 |
| Papeterie | 1 |
| Papier à écrire ou à imprimer | 1 |
| Papier à écrire ou à imprimer, emballé, sans responsabilité | 2 |
| Papier d'emballage ou à sucre. | 2 |
| Papier d'emballage ou à sucre emballé, sans responsabilité | 3 |
| Papier de verre | 2 |
| Papiers peints | 1 |
| Papiers peints emballés, sans responsabilité | 2 |
| Papiers non dénommés | 1 |
| Parapluies | 1 |
| Parchemin | 1 |
| Parfumerie | 1 |
| Passementerie | 1 |
| Pastèques | 1 |
| Pâtes alimentaires et potagères non dénommées | 3 |
| Pâte d'Italie | 3 |
| Pâtes tinctoriales | 2 |
| Pâtes à papier | 4 |
| Pâtisserie | 1 |
| Paumelle | 3 |
| Pavés. T. S. n° 10. | 5 |
| Peausserie | 1 |
| Peaux de chèvres ou de chevreaux brutes | 2 |
| Peaux de chèvres ou de chevreaux ouvrées ou préparées | 1 |
| Peaux de lapins brutes | 3 |
| Peaux de lapins ouvrées ou préparées | 1 |
| Peaux de moutons en laine brutes | 3 |
| Peaux de moutons en laine ouvrées ou préparées | 1 |
| Peaux brutes | 2 |
| Peaux brutes par w. c. de 5,000 kilogrammes ou payant pour ce poids | 3 |
| Peaux corroyées | 2 |
| Peaux ouvrées | 1 |
| Peaux parées à la lunette | 3 |
| Peaux tannées | 3 |
| Peignes | 1 |
| Pelles montées | 2 |
| Pelles non montées | 3 |
| Pelleteries | 1 |
| Pelures de cacao | 3 |
| Pendules | 1 |
| Perches dont la longueur n'excède pas 6m 50 T. S. nos 9, 17. | 3 |
| Perlasse | 4 |
| Perles en verre | 2 |
| Phormium brut | 2 |
| Phormium brut emballé | 3 |
| Phormium filé | 2 |
| Phormium filé emballé | 3 |
| Phosphate de chaux | 3 |
| Phosphate de chaux pour engrais T. S. n° 17. | 3 |
| Phosphate de potasse | 2 |
| Phosphate de soude | 2 |
| Phosphore. (Voir le Tarif exceptionnel fixé par l'article 11 des Tarifs généraux de petite vitesse des deux *Compagnies*.) | » |
| Pianos (*) | 1 |
| Pièces d'armes brutes | 3 |
| Pièces de forge brutes ou ouvrées | 3 |
| Pièces en argile réfractaire pour appareils métallurgiques | 3 |
| Pièces en fer, fonte ou tôle ajustées pour ponts et dont la longueur n'excède pas 6m 50. T. S. nos 11, 15. | 3 |
| Pièces non dénommées de machines et de mécaniques démontées | 1 |
| Pièces non dénommées de machines et de mécaniques démontées, non emballées, sans responsabilité | 2 |
| Pièces non dénommées de machines et de mécaniques non démontées, emballées, sans responsabilité | 3 |
| Pierres à aiguiser brutes | 3 |
| Pierres à aiguiser préparées | 2 |
| Pierres à aiguiser préparées, sans responsabilité | 3 |
| Pierres à chaux. . . . T. S. n° 17. | 3 |
| Pierres à faux brutes | 3 |
| Pierres à faux taillées | 3 |
| Pierres à feu brutes | 3 |
| Pierres à feu taillées | 2 |
| Pierres à macadam. T. S. n° 10. | 3 |
| Pierres à plâtre. . . . T. S. n° 12. | 3 |

(*) Conformément à l'article 10 des Tarifs généraux de petite vitesse des deux Compagnies, les marchandises suivies d'un astérisque sont taxées moitié en sus du prix fixé par le Tarif, lorsqu'elles ne pèsent pas 200 kilogrammes sous le volume d'un mètre cube. Cette augmentation n'est point applicable aux frais accessoires.

| MARCHANDISES. | SÉRIES. |
|---|---|
| Pierres de taille brutes ou légèrement ébauchées T. S. nos 10 11 | 3 |
| Pierres de taille façonnées...... | 3 |
| Pierres lithographiques brutes.. | 3 |
| Pierres lithographiques préparées | 1 |
| Pierres lithographiques préparées, emballées, sans responsabilité........................ | 3 |
| Pierres lithographiques polies en carrière.......................... | 2 |
| Pierres lithographiques polies en carrière, sans responsabilité.. | 3 |
| Pierre ponce.................... | 2 |
| Pierre ou terre de Salinelle..... | 3 |
| Piles électriques............... | 1 |
| Piment.......................... | 3 |
| Pipes en terre cuite............ | 3 |
| Pipes (fûts) démontées T. S. no 17 | 3 |
| Pipes (fûts) vides (*). T. S. no 17 | 1 |
| Pistaches....................... | 1 |
| Planches d'impression.......... | 1 |
| Planches dont la longueur n'excède pas 6m 50.. T. S. no 17. | 3 |
| Planches en lames ou en frises pour parquets. ..T. S. no 15. | 3 |
| Plantes médicinales non dénommées............................ | 1 |
| Plantes potagères non dénommées | 1 |
| Plantes tinctoriales non dénommées.......................... | 1 |
| Plantes vivantes (*)............ | 1 |
| Plantes vivantes par w. c. de 4,000 kilogrammes ou payant pour ce poids................. | 3 |
| Plaqué d'or ou d'argent. (Voir le Tarif exceptionnel fixé par l'article 8 des Tarifs généraux de petite vitesse des deux Compagnies.)...................... | » |
| Plaques de blindage........... | 3 |
| Plaques foyères en fonte...T. S. nos 14, 15. | 2 |
| Plaques tournantes............. | 2 |
| Plateaux en bois................ | 3 |
| Plâtre............. T. S. no 12. | 3 |
| Plâtre pour moulage........... | 3 |
| Plombagine..................... | 3 |
| Plomb de chasse................ | 2 |
| Plomb en feuilles ou en tuyaux. T. S. nos 14, 15. | 2 |
| Plomb en saumons T. S nos 14, 15 | 2 |
| Plomb en tables T. S. nos 14, 15. | 3 |
| Plomb ouvré.................... | 2 |
| Plumeaux....................... | 1 |
| Plumes (*)..................... | 1 |
| Plumes emballées et pressées... | 1 |
| Plumes métalliques............. | 1 |
| Plumes pour parure (*)......... | 1 |
| Poêlerie en faïence............ | 1 |
| Poêlerie en faïence non emballées, sans responsabilité.......... | 2 |
| Poêlerie en faïence en caisses, harasses ou paniers, sans responsabilité.................. | 3 |
| Poêlerie en fonte............... | 2 |
| Poêlerie en fonte, en caisses, harasses ou paniers, sans responsabilité....T. S. nos 14, 15. | 3 |
| Poêlerie en fonte et tôle........ | 2 |
| Poêlerie en fonte et tôle emballée, sans responsabilité. T. S. nos 14, 15. | 3 |
| Poêlerie en tôle................ | 1 |
| Poêlerie en tôle emballée, sans responsabilité T. S. nos 14, 15. | 3 |
| Poids à peser en cuivre........ | 1 |
| Poids à peser en fonte.....T. S. nos 14, 15. | 3 |
| Poids d'horloge en fonte...T. S. nos 14, 15. | 3 |
| Poils de chameau ............ | 2 |
| Poils de chèvre................ | 2 |
| Poils de lapin.................. | 4 |
| Poils de vache................. | 3 |
| Poils d'animaux non dénommés. | 2 |
| Pointes.........T. S. nos 14, 15. | 3 |
| Poiré.......................... | 2 |
| Poiré en fûts, sans responsabilité | 3 |
| Poireaux......... ............ | 1 |
| Poires à la pelle.............. | 1 |
| Poires à la pelle par w. c. de 5,000 kilog. ou payant pour ce poids, sans responsabilité; chargement et déchargement par les soins et aux frais, risques et périls des expéditeurs et des destinataires...... | 3 |
| Poires fraîches................ | 1 |
| Poires sèches.................. | 5 |
| Poires à poiré................. | 1 |
| Poires à poiré par w. c. de 5,000 kilogrammes ou payant pour ce poids; chargement et déchargement par les soins et aux frais, risques et périls des expéditeurs et des destinataires | 3 |
| Pois frais...................... | 1 |
| Pois secs...................... | 3 |
| Poissons en boîtes............. | 1 |
| Poissons frais................. | 1 |
| Poissons fumés ou séchés, non dénommés........................ | 2 |
| Poissons salés non dénommés... | 3 |
| Poivre......................... | 3 |
| Poix.......................... | 3 |
| Pommes à cidre................ | 1 |
| Pommes à cidre, par w. c. de 5,000 kilogrammes ou payant pour ce poids, sans responsabilité; chargement et déchargement par les soins et aux frais, risques et périls des expéditeurs et des destinataires..... | 3 |
| Pommes à la pelle............. | 1 |
| Pommes à la pelle, par w. c. de 5,000 kilogrammes ou payant pour ce poids, sans responsabilité; chargement et déchargement par les soins et aux frais, risques et périls des expéditeurs et des destinataires. | 3 |
| Pommes de pin.................. | 3 |
| Pommes de terre................ | 2 |
| Pommes de terre en sacs..T. S. nos 4, 17. | 4 * |
| Pommes fraîches................ | 1 |
| Pommes sèches.................. | 2 |
| Pompes à l'eau de mer........ | 1 |
| Porcelaine..................... | 1 |
| Porcelaine en caisses, cadres ou harasses, sans responsabilité. | 2 |
| Porte-bouteilles en fer (*)....... | 1 |
| Potasse............T. S. no 13. | 4 |
| Poteaux dont la longueur n'excède pas 6 mètres 50 T.S. no 17 | 3 |
| Poterie commune............... | 2 |
| Poterie commune en caisses, cadres ou harasses, sans responsabilité................. | 3 |
| Poterie commune en vrac, par w. c. de 5,000 kilogrammes ou payant pour ce poids, sans responsabilité; chargement et déchargement par les soins et aux frais, risques et périls des expéditeurs et des destinataires | 3 |
| Poterie d'étain................. | 1 |
| Poterie fine.................... | 1 |
| Poterie fine en caisses, cadres ou harasses, sans responsabilité. | 2 |
| Poterie non vernie en terre cuite | 2 |
| Poterie non vernie en terre cuite, en caisses, cadres ou harasses, sans responsabilité.... | 3 |
| Poudre à feu. (Voir le Tarif exceptionnel fixé par l'article 11 des Tarifs généraux de petite vitesse des deux Compagnies.) | » |
| Poudrette............T. S. no 12 | 3 |
| Poussier de charbon. T. S. no 17 | 3 |
| Poutres et poutrelles dont la longueur n'excède pas 6 mètres 50 T. S. no 17. | 3 |
| Poutres en fer, fonte ou tôle pour ponts, dont la longueur n'excède pas 6 mètres 50...... | 3 |
| Pouzzolane.........T. S. no 17. | 3 |
| Préparations chimiques......... | 1 |
| Préparations pharmaceutiques.. | 1 |
| Presses à copier............... | 1 |
| Presses lithographiques......... | 1 |
| Présure........................ | 1 |
| Produits chimiques non dénommés........................... | 1 |
| Produits de carrières non dénommés. | 3 |
| Projectiles en fer et en fonte T. S. no 13. | 3 |
| Pruneaux...................... | 2 |
| Prunes fraîches................ | 1 |
| Prunes sèches.................. | 2 |
| Prussiate de potasse........... | 3 |
| Pulpes de betteraves T. S. no 17. | 3 |
| Pyrites.............T. S. no 12. | 4 |
| Pyrolignite d'alumine.......... | 4 |
| Pyrolignite de chaux........... | 4 |
| Pyrolignite de fer............. | 4 |
| Pyrolignite de plomb........... | 3 |
| Pyrolignites non dénommés. ... | 3 |
| **Q** | |
| Quartz.............T. S. no 17. | 3 |

(*) Conformément à l'article 10 des Tarifs généraux de petite vitesse des deux Compagnies, les marchandises suivies d'un astérisque sont taxées moitié en sus du prix fixé par le Tarif, lorsqu'elles ne pèsent pas 200 kilogrammes sous le volume d'un mètre cube. Cette augmentation n'est point applicable aux frais accessoires.

| MARCHANDISES. | SÉRIES. |
|---|---|
| Quercitron | 3 |
| Quincaillerie | 1 |
| Quincaillerie (grosse). T. S. n^os 14, 15. | 1 |
| Quinquina | 1 |
| **R** | |
| Racines à brûler.... T. S. n° 17. | 3 |
| Racines de chicorée | 3 |
| Racines d'épine-vinette | 3 |
| Racines d'épine-vinette, par w. c. de 4,000 kilogrammes ou payant pour ce poids, sans responsabilité | 4 |
| Racines de guimauve | 3 |
| Racines de réglisse | 3 |
| Racines non dénommées | 1 |
| Rails. T. S. n° 15. | 5 |
| Raisiné | 2 |
| Raisiné en caisses, paniers ou tonneaux, sans responsabilité. | 3 |
| Raisins frais | 1 |
| Raisins secs | 2 |
| Raisins secs pour boisson | 2 |
| Raisins secs pour distillerie | 2 |
| Raigras (graine de) | 4 |
| Redoul | 2 |
| Réglisse noire | 2 |
| Regrets d'orfèvre | 3 |
| Résidus de betteraves T.S. n° 17. | 3 |
| Résidus de métaux | 3 |
| Résine T. S. n° 5. | 3 |
| Ressorts de voitures, de wagons ou de locomotives T.S. n^os 14,15 | 3 |
| Ressorts pour tampons... T. S. n^os 14, 15. | 3 |
| Rhubarbe | 1 |
| Rhum | 2 |
| Rhum en fûts, sans responsabilité | 3 |
| Ricin (graine de) | 5 |
| Rivets T. S. n^os 14, 15. | 3 |
| Riz | 5 |
| Rocou | 2 |
| Rognures de carton et de papier | 4 |
| Rognures de cuir... T. S. n° 17. | 3 |
| Rognures de cuivre et autres métaux | 3 |
| Rondins T. S. n° 17. | 3 |
| Roseaux | 2 |
| Rotins | 2 |
| Rouennerie | 1 |
| Roues de wagons montées | 3 |
| Roues de wagons non montées. T. S. n^os 14, 15. | 3 |
| Rouleaux d'impression | 1 |
| Rubannerie de coton, de fil ou de soie | 1 |
| Ruches d'abeilles | 1 |

| MARCHANDISES. | SÉRIES. |
|---|---|
| **S** | |
| Sable T. S. n° 17. | 5 |
| Sabots de bétail T. S. n° 17. | 3 |
| Sabots de voitures en fonte | 3 |
| Sabots pour chaussures | 4 |
| Sacs vides T. S. n° 22. | 3 |
| Safran | 1 |
| Safranum | 1 |
| Sagou | 3 |
| Saindoux | 3 |
| Sainfoin (graine de) | 5 |
| Salaisons non dénommées | 1 |
| Salaisons non dénommées, en barils | 2 |
| Salep | 2 |
| Salin | 4 |
| Salpêtre | 4 |
| Salsepareille | 1 |
| Sandaraque | 1 |
| Sang desséché | 3 |
| Sang liquide | 3 |
| Sangsues | 1 |
| Sardines à l'huile | 1 |
| Sardines salées | 2 |
| Sarments T. S. n° 17. | 3 |
| Sarrasin | 5 |
| Sarraux | 1 |
| Saucissons | 2 |
| Saumure | 3 |
| Savon commun en briques | 3 |
| Savon de Marseille | 3 |
| Savon de toilette | 1 |
| Savon mou | 2 |
| Savon mou en barils | 3 |
| Scammonée | 1 |
| Schistes bitumineux | 3 |
| Scies | 1 |
| Seilles | 1 |
| Sciures de bois T. S. n° 17. | 3 |
| Scories ou résidus d'usines métallurgiques T. S. n° 17. | 5 |
| Sébeste | 1 |
| Seigle | 5 |
| Sel ammoniac | 3 |
| Sel d'étain | 3 |
| Sel d'oseille | 2 |
| Sel de plomb | 3 |
| Sel de potasse T. S. n° 13. | 4 |
| Sel de Saturne | 3 |
| Sel de soude T. S. n° 13. | 4 |
| Sel de zinc | 3 |
| Sel gemme T. S. n° 6. | 4 |
| Sel hydraté des eaux mères des salines | 4 |
| Sel marin | 4 |
| Sellerie (*) | 1 |

| MARCHANDISES. | SÉRIES. |
|---|---|
| Semoule | 3 |
| Séné | 1 |
| Serpentaire de Virginie | 1 |
| Serrurerie non dénommée | 2 |
| Sésame (graine de) | 5 |
| Silicate de potasse | 4 |
| Silicate de soude | 4 |
| Simarouba | 1 |
| Sirop de fécule T. S. n° 5. | 3 |
| Sirop de fécule, sans responsabilité | 4 |
| Sirops non dénommés | 1 |
| Smalt brut | 2 |
| Smalt en poudre | 2 |
| Socs de charrue | 3 |
| Soie brute | 1 |
| Soie manufacturée | 1 |
| Soies de porc | 3 |
| Soieries | 1 |
| Solives dont la longueur n'excède pas 6 mètres 50. T. S. n° 17. | 3 |
| Sommiers élastiques | 1 |
| Son | 5 |
| Sonnettes | 1 |
| Sorgho (graine de) | 4 |
| Sorgho (tiges de) | 4 |
| Souches à brûler... T. S. n° 17. | 3 |
| Soude brute T. S. n° 13. | 4 |
| Soude liquide | 4 |
| Soude raffinée | 3 |
| Soudure de cuivre | 3 |
| Soufre brut | 4 |
| Soufre raffiné | 3 |
| Soufre sublimé | 3 |
| Sparte brut (*) | 3 |
| Sparterie | 2 |
| Spath-fluor T. S. n° 17. | 3 |
| Spermaceti | 1 |
| Spiritueux non dénommés | 1 |
| Spiritueux non dénommés en fûts, sans responsabilité | 3 |
| Stannate de soude | 4 |
| Stéarine | 3 |
| Storax | 1 |
| Suc de châtaignier | 1 |
| Suc de réglisse | 2 |
| Sucre brut T. S. n° 7. | 3 |
| Sucre candi T. S. n° 7. | 1 |
| Sucre en pains | 1 |
| Sucre pilé | 1 |
| Sucre raffiné T. S. n° 7. | 1 |
| Suie | 3 |
| Suif brut | 2 |
| Suif brut en caisses ou barriques, sans responsabilité.. T. S. n° 5. | 4 |
| Suif épuré | 1 |
| Sulfate d'alumine... T. S. n° 13. | 4 |
| Sulfate d'ammoniaque. T. S. n° 13 | 4 |
| Sulfate de baryte... T. S. n° 17. | 4 |
| Sulfate de cuivre | 4 |
| Sulfate de fer T. S. n° 13. | 4 |
| Sulfate de manganèse | 4 |

(*) Conformément à l'article 10 des Tarifs généraux de petite vitesse des deux Compagnies, les marchandises suivies d'un astérisque sont taxées moitié en sus du prix fixé par le Tarif, lorsqu'elles ne pèsent pas 200 kilogrammes sous le volume d'un mètre cube. Cette augmentation n'est point applicable aux frais accessoires.

| MARCHANDISES. | SÉRIES. |
|---|---|
| Sulfate de potasse.. T. S. n° 13. | 4 |
| Sulfate de quinine | 1 |
| Sulfate de soude....T. S. n° 13. | 4 |
| Sulfate de zinc | 4 |
| Sulfates non dénommés | 3 |
| Sumac | 3 |
| **T** | |
| Tabac en feuilles | 3 |
| Tabac manufacturé | 1 |
| Tabletterie | 1 |
| Tafia | 2 |
| Tafia en fûts, sans responsabilité | 3 |
| Taillanderie....T. S. n$^{os}$ 14, 15. | 3 |
| Talc brut | 3 |
| Talc en feuilles | 2 |
| Talc en poudre | 2 |
| Tamarin | 3 |
| Tamis | 1 |
| Tampons pour wagons | 3 |
| Tan ............... T. S. n° 13. | 4 |
| Tanin | 3 |
| Tapioca | 3 |
| Tapis | 1 |
| Tapisserie | 1 |
| Tartans | 1 |
| Tartre brut | 4 |
| Tartre raffiné | 3 |
| Térébenthine | 2 |
| Térébenthine en fûts, sans responsabilité | 3 |
| Terre à pipes.......T. S. n° 17. | 3 |
| Terre à poterie.....T. S. n° 17. | 3 |
| Terre de bruyère....T. S. n° 17. | 3 |
| Terre d'ombre | 3 |
| Terre de Sienne | 3 |
| Terre réfractaire.....T. S. n° 17. | 3 |
| Terre végétale.......T. S. n° 17. | 3 |
| Terre verte | 2 |
| Terres non dénommées | 3 |
| Terrines | 1 |
| Thé | 1 |
| Thibaude | 3 |
| Thon mariné | 1 |
| Tire-fonds pour rails | 3 |
| Tissus non dénommés | 1 |
| Toiles à bâches et à voiles | 3 |
| Toiles à sacs | 3 |
| Toiles cirées | 1 |
| Toiles de chanvre ou de lin blanchies | 1 |
| Toiles de chanvre ou de lin écrues | 1 |
| Toiles de coton blanchies | 2 |
| Toiles de coton blanchies, emballées, sans responsabilité | 3 |
| Toiles de coton écrues | 2 |
| Toiles de coton écrues, emballées, sans responsabilité | 3 |
| Toile d'emballage....T. S. n° 22. | 3 |
| Toile en treillis | 1 |
| Toiles imprimées | 1 |
| Toiles métalliques | 2 |
| Toiles peintes | 1 |
| Toiles non dénommées | 1 |
| Tôle d'acier non ouvrée | 2 |
| Tôle de fer non ouvrée.....T. S. n$^{os}$ 14, 15. | 2 |
| Tôle galvanisée | 2 |
| Tôles ouvrées | 2 |
| Tomettes | 2 |
| Tonneaux démontés .T. S. n° 17. | 3 |
| Tonneaux vides (*)..T. S. n° 17. | 1 |
| Tontisses | 3 |
| Torches | 3 |
| Tortues | 1 |
| Tourbe............T. S. n° 17. | 5 |
| Tourbe carbonisée | 5 |
| Touries vides.......T. S. n° 22. | 1 |
| Tournebroches | 2 |
| Tournesol | 2 |
| Tourteaux | 3 |
| Tourteaux, par w. c. de 5,000 kilogrammes ou payant pour ce poids.............T. S. n° 17. | 4 |
| Traverses pour chemins de fer T. S. n° 17. | 3 |
| Trèfle (graine de) | 3 |
| Treillages en bois... T. S. n° 17. | 3 |
| Treillages en fer | 3 |
| Tresses de paille | 1 |
| Tripoli brut | 3 |
| Tripoli en poudre | 2 |
| Trois-six | 2 |
| Trois-six en fûts, sans responsabilité | 3 |
| Truffes | 1 |
| Tubes en cuivre.T. S. n$^{os}$ 14, 15. | 3 |
| Tubes en fer.... T. S. n$^{os}$ 14, 15. | 3 |
| Tubes en laiton..T. S. n$^{os}$ 14, 15. | 3 |
| Tuiles...............T. S. n° 12. | 3 |
| Turbith | 1 |
| Tuyaux de drainage en terre cuite | 3 |
| Tuyaux de drainage en terre cuite, par w. c. de 5,000 kilogrammes, ou payant pour ce poids, sans responsabilité. T. S. n° 12. | 4 |
| Tuyaux en bois | 2 |
| Tuyaux en cuivre T. S. n$^{os}$ 14, 15. | 3 |
| Tuyaux en fer.. T. S. n$^{os}$ 14, 15. | 3 |
| Tuyaux en fonte T. S. n$^{os}$ 14, 15. | 3 |
| Tuyaux en plomb.T. S. n$^{os}$ 14, 15. | 2 |
| Tuyaux en tôle bitumés ou non bitumés | 3 |
| Tuyères en fonte.T. S. n$^{os}$ 14, 15 | 3 |
| **U** | |
| Ustensiles de ménage en cuivre, étain, fer battu, fer-blanc, tôle ou zinc | 1 |
| Ustensiles de ménage en fonte | 2 |
| Ustensiles de ménage non dénommés | 1 |
| Ustensiles de ménage en cuivre, étain, fer battu, fer blanc, tôle ou zinc, en caisses, harasses ou paniers | 2 |
| **V** | |
| Vanille | 1 |
| Vannerie (*) | 1 |
| Vannerie, par w. c. de 4,000 kilogrammes ou payant pour ce poids | 3 |
| Varech | 2 |
| Varech, par w. c. de 5,000 kilogrammes ou payant pour ce poids | 4 |
| Velours | 1 |
| Vendanges (raisins) | 3 |
| Verdet | 3 |
| Vergeoise..........T. S. n° 7. | 3 |
| Verjus | 3 |
| Vermicelle | 3 |
| Vermillon | 1 |
| Vermouth | 2 |
| Vermouth en fûts, sans responsabilité | 3 |
| Vernis | 1 |
| Verres à vitres | 1 |
| Verres à vitres en caisses, sans responsabilité | 4 |
| Verre cassé........ T. S. n° 17. | 4 |
| Verre pilé | 4 |
| Verrerie commune | 1 |
| Verrerie commune en caisses, cadres ou harasses, sans responsabilité | 3 |
| Verrerie fine | 1 |
| Verroterie | 1 |
| Vert de gris | 3 |
| Vesces | 5 |
| Vêtements confectionnés | 1 |
| Vétiver | 1 |
| Viandes fraîches | 1 |
| Viandes fumées ou salées non dénommées | 2 |
| Viandes fumées ou salées en fûts ou en caisses | 3 |
| Vieilles chaussures.T. S. n° 17. | 3 |
| Vieilles fontes. T. S. n$^{os}$ 14, 15. | 3 |
| Vieux cordages | 4 |

(*) Conformément à l'article 10 des *Tarifs généraux de petite vitesse des deux Compagnies*, les *marchandises suivies d'un astérisque* sont taxées moitié en sus du prix fixé par le *Tarif*, lorsqu'elles ne pèsent pas 200 kilogrammes sous le volume d'un mètre cube. Cette augmentation n'est point applicable aux frais accessoires.

| MARCHANDISES. | SÉRIES. | MARCHANDISES. | SÉRIES. | MARCHANDISES. | SÉRIES. |
|---|---|---|---|---|---|
| Vieux cuivre... T. S. nos 14, 15. | 3 | | | | |
| Vieux métaux non dénommés... | 3 | | | | |
| Vieux papiers | 4 | | | | |
| Vinaigre | 2 | **W** | | **Z** | |
| Vinaigre en fûts, sans responsabilité | 3 | | | | |
| Vins.......... T. S. nos 24, 25. | 2 | | | | |
| Vins en fûts, sans responsabilité. | 3 | | | | |
| Vis à bois...... T. S. nos 14, 15. | 3 | Wagons à terrassement montés. | 2 | Zinc en feuilles ou en tuyaux. T. S. nos 14, 15. | 2 |
| Vitriol bleu | 4 | Wagons à terrassement démontés | 3 | Zinc en plaques. T. S. nos 14, 15 | 3 |
| Vitriol vert | 4 | Wagons de mine montés | 2 | Zinc en saumons. T. S. nos 14, 15 | 4 |
| Volailles mortes | 1 | Wagons de mine démontés | 3 | Zinc ouvré | 2 |
| Volailles vivantes | 1 | | | Zostère | 2 |
| Volières (*) | 1 | | | Zostère, par w. c. de 5,000 kilogrammes ou payant pour ce poids | 1 |
| Voliges dont la longueur n'excède pas 6 mètres 50. T. S. no 17 | 3 | | | | |

(*) Conformément à l'article 10 des Tarifs généraux de petite vitesse des deux Compagnies, les marchandises suivies d'un astérisque sont taxées moitié en sus des prix fixés par le Tarif, lorsqu'elles ne pèsent pas 200 kilogrammes sous le volume d'un mètre cube. Cette augmentation n'est point applicable aux frais accessoires.

---

## Avis important.

Dans la classification qui précède, les mots *sans responsabilité* s'appliquent seulement aux déchets et avaries de route.

Tout chargement inférieur à un wagon chargé de 4,000 ou 5,000 kilogrammes est taxé d'après le prix réduit afférent à un wagon chargé de 4,000 ou 5,000 kilog., lorsqu'il y a pour l'expéditeur avantage à payer 4,000 ou 5,000 kilog.

---

## PRIX DE TRANSPORT PAR 1,000 KILOGRAMMES, DE GARE EN GARE,

Y compris les frais de chargement, de déchargement et de gare, tant au départ et à l'arrivée qu'au point de jonction.

| DE LA GARE DE **PARIS (La Chapelle)** À LA GARE DE **REIMS** *et vice versâ.* | DISTANCE en KILOMÈTRES. | 1re SÉRIE. | 2e SÉRIE. | 3e SÉRIE. | 4e SÉRIE. | 5e SÉRIE. | DÉLAIS EN JOURS, non compris le jour de la remise et celui de la livraison |
|---|---|---|---|---|---|---|---|
| | | fr. c. | fr. c. | fr. c. | fr. c. | fr. c. | |
| | 158 | 26 80 | 23 60 | 17 50 | 14 15 | 9 40 | 3 |

**NOTA.** — *Pour les parcours intermédiaires compris entre Paris (La Chapelle) et Reims, la taxe ne pourra, dans aucun cas, être supérieure aux prix du présent Tarif.*

## CONDITIONS.

La Compagnie expéditrice seule perçoit 0 fr. 10 c. pour l'enregistrement.

Les conditions des Tarifs généraux des deux Compagnies sont applicables au présent Tarif en tout ce qui n'est pas contraire aux dispositions qui précèdent.

## CHEMINS DE FER DE L'EST ET DU NORD.

### TRANSPORTS A PETITE VITESSE.

# TABLEAU PAR ORDRE ALPHABÉTIQUE

DES

## Marchandises qui font l'objet des Tarifs communs spéciaux.

| MARCHANDISES. | NUMÉROS DES TARIFS | NUMÉROS DES PAGES |
|---|---|---|
| **A** | | |
| Accessoires de la voie | 15 | 67 |
| Acides minéraux, par wagon complet | 5 | 41 |
| Acier brut | 14 - 15 | 65—67 |
| Agglomérés de houille | 8 | 47 |
| Agrès de marine | 14 - 15 | 65—67 |
| Alquifoux | 14 - 15 | 65—67 |
| Alun en fûts | 13 | 63 |
| Amidon | 5 | 41 |
| Ancres de marine | 14 - 15 | 65—67 |
| Animaux *envoyés aux concours agricoles* | 23 | 99 |
| Appareils chimiques en fonte | 14 - 15 | 65—67 |
| Ardoises | 17 - 18 | 87—89 |
| Argile | 17 | 87 |
| Asphalte | 17 | 87 |
| Axes coudés *ou droits* | 14 - 15 | 65—67 |
| **B** | | |
| Balanciers de pompes en fonte | 14 - 15 | 65—67 |
| Bandages de roues | 14 - 15 | 65—67 |
| Barreaux de grilles en fonte | 14 - 15 | 65—67 |
| Baryte | 17 | 87 |
| Bâtes en fonte | 14 - 15 | 65—67 |
| Bestiaux | 2 - 3 | 35—37 |
| Betteraves | 17 | 87 |
| Bitumes solides | 17 | 87 |
| Blanc d'Espagne, de Meudon et de Troyes | 17 | 87 |
| Blanc de zinc | 14 - 15 | 65—67 |
| Bois à brûler | 17 | 87 |
| Bois de charpente | 17 | 87 |
| Bois de teinture en bûches ou moulu | 13 | 63 |
| Boites à graisse en fonte | 14 - 15 | 65—67 |
| Boites de roues en fonte | 14 - 15 | 65—67 |
| Bombonnes vides *ayant servi au transport des eaux minérales, des acides minéraux et autres produits chimiques entre Paris (La Chapelle) et Reims* | 22 | 97 |
| Bondes | 17 | 87 |
| Bornes et bornes-fontaines en fonte | 14 - 15 | 65—67 |
| Bouches de four en fonte | 14 - 15 | 65—67 |
| Bouclerie fine emballée | 14 - 15 | 65—67 |
| Bouclerie grosse emballée | 14 - 15 | 65—67 |
| Boues | 12 | 61 |
| Boules en fonte | 14 - 15 | 64—67 |
| Boulets en fonte | 14 - 15 | 65—67 |
| Boulons | 14 - 15 | 65—67 |
| Bourrées | 17 | 87 |
| Bouteilles vides *ayant servi au transport des eaux minérales, des acides minéraux et autres produits chimiques, entre Paris (La Chapelle) et Reims* | 22 | 97 |
| Brai | 5 | 41 |
| Briques | 12 | 61 |
| Bronze en lingots | 14 - 15 | 65—67 |
| **C** | | |
| Câbles en fer | 14 - 15 | 65—67 |
| Cadres pour emballage, démontés ou vides | 17 | 87 |
| Cages démontées ou vides | 17 | 87 |
| Cailloux | 17 | 87 |
| Caisses démontées ou vides | 17 | 87 |
| Caisses vides ayant servi à un transport entre Paris (La Chapelle) et Reims | 22 | 97 |
| Calcaire asphaltique en moellons | 17 | 87 |
| Candélabres | 14 - 15 | 65—67 |
| Caniveaux en fonte | 14 - 15 | 65—67 |
| Carbonate de potasse en fûts | 13 | 63 |
| Carbonate de soude en fûts | 13 | 63 |

CHEMINS DE FER DE L'EST ET DU NORD.

TRANSPORTS A PETITE VITESSE.

# TARIF COMMUN SPÉCIAL P. V. N° 2

**Chevaux, Mulets et Bestiaux** (Moutons exceptés).

**Moutons** par wagon complet ou en payant pour un wagon complet, s'il y a avantage pour l'expéditeur;
Et **Moutons** en excédant d'au moins un wagon.

## PRIX DE TRANSPORT

| | | | |
|---|---|---|---|
| De la gare de **Paris** (La Chapelle) à la gare de **Reims** et *vice versâ*. (158 kilomètres.) | 79 fr. | » c. | par wagon de chevaux, mulets et bestiaux (moutons exceptés). |
| | 44 | 25 | — de moutons. |
| | 3 | 15 | par tête pour les moutons en excédant d'au moins un wagon. |

**NOTA.** — Pour les parcours intermédiaires compris entre **Paris** (La Chapelle) et **Reims** la taxe ne pourra, dans aucun cas, être supérieure à celle du présent Tarif.

## CONDITIONS.

La Compagnie expéditrice seule perçoit 0 fr. 10 c. pour l'enregistrement.

Le chargement et le déchargement des wagons seront faits par les soins et aux frais des expéditeurs et des destinataires qui pourront y charger un nombre illimité d'animaux sous leur responsabilité et à leurs risques et périls.

Le chargement et le déchargement des moutons en excédant d'au moins un wagon, seront faits par les Compagnies, qui sont autorisées à percevoir 10 cent. par tête pour les deux opérations.

Un permis de circulation gratuit est accordé à *l'aller et au retour*, aux personnes qui accompagnent une expédition lorsqu'elle se composera d'un wagon de chevaux, mulets et bestiaux et de deux wagons de moutons.

Il sera en outre accordé le transport gratuit de deux chiens.

Il ne sera délivré qu'un permis pour chaque lettre de voiture, quelle que soit l'importance des expéditions.

Les Compagnies ne répondent pas des accidents qui peuvent survenir aux animaux dans les gares et pendant la route, et, même en cas de mort, elle ne sera tenue qu'à représenter le corps des animaux.

L'application du présent Tarif commun spécial reste d'ailleurs soumise aux conditions des Tarifs généraux ou spéciaux de chaque Compagnie en tout ce qui n'est pas contraire aux dispositions qui précèdent.

**AVIS IMPORTANT.** — *Les prix du présent Tarif commun spécial ne seront appliqués qu'autant que l'expéditeur en aura fait la demande expresse sur sa déclaration; à défaut de cette demande préalable, l'expédition sera taxée de droit aux prix et conditions des Tarifs généraux de chaque Compagnie.*

*Pour le transport des Etalons impériaux, des Chevaux de course, des Chevaux et Mulets envoyés aux Concours agricoles, voir les Tarifs G. V, nos 3 et 5, et P. V. n° 23.*

## CHEMINS DE FER DE L'EST ET DU NORD.

### TRANSPORTS A PETITE VITESSE.

# TARIF COMMUN SPÉCIAL P. V. N° 3

POUR LE

## TRANSPORT DES BESTIAUX PAR WAGONS COMPLETS

**(Chevaux et Moutons exceptés).**

### PRIX PAR WAGON COMPLET DE GARE EN GARE.

| DES STATIONS CI-DESSOUS aux STATIONS CI-CONTRE. | LE CATEAU. | | LANDRECIES. | | CAMBRAI. | | ARRAS. | | DOUAI. | | VALENCIENNES. | | LILLE. | | SAINT-OMER. | |
|---|---|---|---|---|---|---|---|---|---|---|---|---|---|---|---|---|
| | DIST. | PRIX. | DIST. | PRIX. | DIST. | PRIX. | DIST. | PRIX. | DIST. | PRIX. | DIST. | PRIX. | DIST. | PRIX. | DIST. | PRIX. |
| Langres | 368 | 119 50 | 380 | 119 50 | 385 | 120 90 | 418 | 134 55 | 425 | 134 55 | 430 | 137 » | 458 | 146 45 | 520 | 162 90 |
| Gray | 424 | 136 » | 436 | 136 » | 441 | 137 40 | 504 | 151 05 | 481 | 151 05 | 486 | 153 50 | 514 | 162 95 | 576 | 179 40 |
| Véreux | 434 | 139 » | 446 | 139 » | 451 | 140 40 | 514 | 154 05 | 491 | 154 05 | 496 | 156 50 | 524 | 165 95 | 586 | 182 40 |
| Autet | 440 | 141 » | 452 | 141 » | 457 | 142 40 | 520 | 156 05 | 497 | 156 05 | 502 | 158 50 | 530 | 167 05 | 592 | 184 40 |
| Vellexon | 451 | 144 » | 463 | 144 » | 468 | 145 40 | 531 | 159 05 | 508 | 159 05 | 513 | 161 50 | 541 | 170 95 | 603 | 187 40 |
| Noidans-le-Ferroux | 462 | 147 50 | 474 | 147 50 | 479 | 148 90 | 542 | 162 55 | 519 | 162 55 | 524 | 165 » | 552 | 174 45 | 614 | 190 90 |
| Mont-le-Vernois | 454 | 145 » | 466 | 145 » | 471 | 146 40 | 534 | 160 05 | 511 | 160 05 | 516 | 162 50 | 544 | 171 95 | 606 | 188 40 |
| Vaivre | 448 | 143 50 | 460 | 143 50 | 465 | 144 90 | 528 | 158 55 | 505 | 158 55 | 510 | 161 » | 538 | 170 45 | 600 | 186 90 |
| Jussey | 418 | 134 50 | 430 | 134 50 | 435 | 135 90 | 498 | 149 55 | 475 | 149 55 | 480 | 152 » | 508 | 161 45 | 570 | 177 90 |
| Vesoul | 453 | 145 » | 465 | 145 » | 470 | 146 40 | 533 | 160 05 | 510 | 160 05 | 515 | 162 50 | 543 | 171 95 | 605 | 188 40 |
| Lure | 483 | 154 » | 495 | 154 » | 500 | 155 40 | 563 | 169 05 | 540 | 169 05 | 545 | 171 50 | 573 | 180 95 | 635 | 197 40 |

**Nota.** — *Les expéditions* de ou pour *une station non dénommée au présent Tarif, comprise entre deux stations dénommées, jouiront du bénéfice de ce même Tarif en payant pour la distance entière depuis la dernière station dénommée, située avant le lieu de départ, jusqu'à la première station dénommée, située après le lieu de destination, si la taxe ainsi calculée est plus avantageuse pour les expéditeurs que celle des Tarifs généraux de chaque Compagnie.*

## CONDITIONS.

La Compagnie expéditrice seule perçoit un droit d'enregistrement de 10 centimes par expédition.

Le chargement et le déchargement des wagons seront faits par les soins et aux frais des expéditeurs et des destinataires, sous leur responsabilité et à leurs risques et périls.

Les expéditeurs ont toujours le choix entre les prix et conditions du présent Tarif commun spécial et les prix et conditions des Tarifs particuliers aux deux Compagnies.

L'application du présent Tarif commun spécial reste d'ailleurs soumise aux conditions des Tarifs généraux ou spéciaux de chaque Compagnie en tout ce qui n'est pas contraire aux dispositions qui précèdent.

**AVIS IMPORTANT.** — *Les prix du présent Tarif commun spécial ne seront appliqués qu'autant que l'expéditeur en aura fait la demande expresse, sur sa déclaration. A défaut de cette demande préalable, l'expédition sera taxée de droit aux prix et conditions des Tarifs généraux de chaque Compagnie.*

## CHEMINS DE FER DE L'EST ET DU NORD.

### TRANSPORTS A PETITE VITESSE.

# TARIF COMMUN SPÉCIAL D'EXPORTATION N° 4

POUR LE TRANSPORT

# DES POMMES DE TERRE

Par wagon chargé d'au moins 10,000 kilogrammes, ou en payant pour ce poids s'il y a avantage pour l'Expéditeur.

PRIX PAR 1,000 KILOGRAMMES,

*De gare en gare, y compris les frais de gare, tant au départ et à l'arrivée qu'au point de jonction.*

| DES STATIONS ci-après aux **Stations ci-contre.** | DUNKERQUE, CALAIS, BOULOGNE, SAINT-VALERY. DISTANCES | | | | |
|---|---|---|---|---|---|
| | Dunkerque. | Calais. | Boulogne. | St-Valery. | PRIX. |
| Strasbourg | 695 | 716 | 747 | 688 | 28 60 |
| Lunéville | 578 | 599 | 630 | 571 | 23 90 |
| Épinal | 619 | 640 | 671 | 612 | 25 35 |
| Châtel-Nomexy | 604 | 625 | 656 | 597 | 24 95 |
| Charmes | 594 | 615 | 646 | 587 | 24 55 |
| Bayon | 583 | 604 | 635 | 576 | 24 10 |
| Varangeville-St-Nicolas | 558 | 579 | 610 | 551 | 23 10 |
| Nancy | 546 | 567 | 598 | 539 | 22 65 |
| Frouard | 537 | 558 | 589 | 530 | 22 25 |
| Dieulouard | 548 | 569 | 600 | 541 | 22 70 |
| Pont-à-Mousson | 555 | 576 | 607 | 548 | 23 » |
| Pagny-sur-Moselle | 565 | 586 | 617 | 558 | 23 40 |
| Novéant | 570 | 591 | 622 | 563 | 23 60 |
| Metz | 562 | 583 | 614 | 555 | 23 25 |
| Rémilly | 581 | 602 | 633 | 574 | 24 05 |
| Herny | 588 | 609 | 640 | 581 | 24 30 |
| Liverdun | 530 | 551 | 582 | 523 | 22 » |
| Fontenoy-sur-Moselle | 521 | 542 | 573 | 514 | 21 65 |
| Toul | 512 | 533 | 564 | 505 | 21 25 |
| Vaucouleurs-Pagny | 501 | 522 | 553 | 494 | 20 85 |
| Sorcy | 495 | 516 | 547 | 488 | 20 60 |
| Commercy | 487 | 508 | 539 | 480 | 20 25 |
| Vesoul | 618 | 639 | 670 | 611 | 25 80 |
| Lure | 648 | 669 | 700 | 641 | 26 70 |

**Nota.** — *Les expéditions à destination de Dunkerque, Calais, Boulogne, Saint-Valery, en provenance d'une station non dénommée, comprise entre deux stations dénommées, jouiront du bénéfice du présent Tarif, en payant pour la distance entière depuis la dernière station dénommée située avant le lieu de départ jusqu'aux points ci-dessus dénommés, si la taxe, ainsi calculée, est plus avantageuse pour les expéditeurs que celle des Tarifs généraux et spéciaux de chaque Compagnie.*

### CONDITIONS.

Les Compagnies se réservent le droit de dépasser de 8 jours les délais réglementaires pour le transport des marchandises à petite vitesse, sans que, pour ce surcroît de délai, elles soient soumises à aucune indemnité.

Les Compagnies ne répondent pas des déchets et avaries de route.

La Compagnie expéditrice seule perçoit 0 fr. 10 c. pour l'enregistrement.

Le chargement et le déchargement doivent être faits par les soins et aux frais des expéditeurs et des destinataires.

Les expéditeurs ont toujours le choix entre les prix et conditions du présent Tarif commun spécial d'exportation et les prix et conditions des Tarifs particuliers aux deux Compagnies.

L'application du présent Tarif commun spécial d'exportation reste d'ailleurs soumise aux conditions des Tarifs généraux de chaque Compagnie, en tout ce qui n'est pas contraire aux dispositions qui précèdent.

La durée d'application de ce Tarif commun spécial d'exportation est fixée à une année par les Compagnies intéressées.

**Avis important.** — *Les prix du présent Tarif ne seront appliqués qu'autant que l'expéditeur en aura fait la demande expresse, sur sa déclaration. A défaut de cette demande préalable, l'expédition sera taxée de droit aux prix et conditions des Tarifs généraux ou spéciaux de chaque Compagnie.*

## CHEMINS DE FER DE L'EST ET DU NORD.

### TRANSPORTS A PETITE VITESSE.

# TARIF COMMUN SPÉCIAL P. V. N° 5.

DÉSIGNATION DES MARCHANDISES :

**Amidon. — Brai. — Colophane. — Eaux minérales. — Fécules indigènes. — Galipot. — Garance. — Garancine. — Glucose de fécule. — Gomme. — Mélasse. — Orseille. — Résine. — Sirop de fécule et Suif brut,** quel que soit le poids de l'expédition.

**Acides minéraux** par wagon chargé d'au moins 4,000 kilogrammes ou en payant pour ce poids, s'il y a avantage pour l'expéditeur.

PRIX DE TRANSPORT.

De la gare de **Paris** (La Chapelle) à la gare de **Reims**, 158 kilomètres, 7 fr. 85 par 1,000 kil., y compris les frais de chargement, de déchargement et de gare, tant au *départ et à l'arrivée* qu'au point de jonction.

**NOTA.** — Pour les parcours intermédiaires compris entre **Paris** (La Chapelle) et **Reims**, la taxe ne pourra, dans aucun cas, être supérieure à celle du présent Tarif.

### CONDITIONS.

Les Compagnies se réservent le droit de dépasser de 8 jours les délais réglementaires pour le transport des marchandises à petite vitesse, sans que, pour ce surcroît de délai, elles soient soumises à aucune indemnité.

Les Compagnies ne répondent pas des déchets et avaries de route.

La Compagnie seule perçoit 0 fr. 10 c. pour l'enregistrement.

Les expéditeurs ont toujours le choix entre les prix et conditions du présent Tarif commun spécial et les prix et conditions des Tarifs particuliers aux deux Compagnies.

L'application du présent Tarif commun spécial reste d'ailleurs soumise aux conditions des Tarifs généraux de chaque Compagnie en tout ce qui n'est pas contraire aux dispositions qui précèdent.

**AVIS IMPORTANT.** — *Les prix du présent Tarif commun spécial ne seront appliqués qu'autant que l'expéditeur en aura fait la demande expresse sur sa déclaration; à défaut de cette demande préalable, l'expédition sera taxée de droit aux prix et conditions des Tarifs généraux de chaque Compagnie.*

# CHEMINS DE FER DE L'EST ET DU NORD.

## TRANSPORTS A PETITE VITESSE.

# TARIF COMMUN SPÉCIAL P. V. N° 6

## POUR LE TRANSPORT DU SEL GEMME

**Par wagon chargé d'au moins 5,000 kilog.,**

**ou en payant pour ce poids s'il y a avantage pour l'expéditeur.**

PRIX PAR 1,000 KILOGRAMMES, DE GARE EN GARE,

*Y compris les frais de chargement, de déchargement et de gare, tant au départ et à l'arrivée qu'au point de jonction.*

| DES STATIONS ci-contre AUX STATIONS CI-APRÈS. | SAINT-AVOLD | | | COCHEREN. | | | VARANGEVILLE-S^t-NICOLAS. (1) | | | ROSIÈRES-AUX-SALINES (1) | | | LUNÉVILLE. (1) | | | EMBERMÉNIL (1) | | | AVRICOURT. (1) | | | SARREBOURG (1) | | |
|---|---|---|---|---|---|---|---|---|---|---|---|---|---|---|---|---|---|---|---|---|---|---|---|---|
| | Dist. | PRIX. | | Dist. | PRIX. | | Dist. | PRIX. | | Dist. | PRIX. | | Dist. | PRIX. | | Dist. | PRIX. | | Dist. | PRIX. | | Dist. | PRIX. | |
| | kil. | fr. | c. | kil. | fr. | c. | kil. | fr. | c. | kil. | fr. | c. | kil. | fr. | c. | kil. | fr. | c. | kil. | fr. | c. | kil. | fr. | c. |
| Tergnier | 379 | 12 | 75 | 393 | 13 | 15 | 334 | 11 | 40 | 339 | 11 | 55 | 354 | 12 | » | 370 | 12 | 50 | 379 | 12 | 75 | 400 | 13 | 40 |
| Saint-Quentin | 401 | 13 | 45 | 415 | 13 | 85 | 356 | 12 | 10 | 361 | 12 | 25 | 376 | 12 | 70 | 392 | 13 | 20 | 401 | 13 | 45 | 422 | 14 | 10 |
| Caudry | 438 | 14 | 55 | 452 | 14 | 95 | 393 | 13 | 20 | 398 | 13 | 35 | 413 | 13 | 80 | 429 | 14 | 30 | 438 | 14 | 55 | 459 | 15 | 20 |
| Cambrai | 454 | 15 | » | 468 | 15 | 40 | 409 | 13 | 65 | 414 | 13 | 80 | 429 | 14 | 25 | 445 | 14 | 75 | 454 | 15 | » | 475 | 15 | 65 |
| Bouchain | 468 | 15 | 45 | 482 | 15 | 85 | 423 | 14 | 10 | 428 | 14 | 25 | 443 | 14 | 70 | 459 | 15 | 20 | 468 | 15 | 45 | 489 | 16 | 10 |
| Lourches | 471 | 15 | 55 | 485 | 15 | 95 | 426 | 14 | 20 | 431 | 14 | 35 | 446 | 14 | 80 | 462 | 15 | 30 | 471 | 15 | 55 | 492 | 16 | 20 |
| Le Cateau | 437 | 14 | 50 | 451 | 14 | 90 | 392 | 13 | 15 | 397 | 13 | 30 | 412 | 13 | 75 | 428 | 14 | 25 | 437 | 14 | 50 | 458 | 15 | 15 |
| Landrecies | 449 | 14 | 85 | 465 | 15 | 25 | 404 | 13 | 50 | 409 | 13 | 65 | 424 | 14 | 10 | 440 | 14 | 60 | 449 | 14 | 85 | 470 | 15 | 50 |
| Aulnoye | 464 | 15 | 30 | 478 | 15 | 70 | 419 | 13 | 95 | 424 | 14 | 10 | 439 | 14 | 55 | 455 | 15 | 05 | 464 | 15 | 30 | 485 | 15 | 95 |
| Maubeuge | 476 | 15 | 70 | 490 | 16 | 10 | 431 | 14 | 35 | 436 | 14 | 50 | 451 | 14 | 95 | 467 | 15 | 45 | 476 | 15 | 70 | 497 | 16 | 35 |
| Erquelines | 488 | 16 | 05 | 502 | 16 | 45 | 443 | 14 | 70 | 448 | 14 | 85 | 463 | 15 | 30 | 479 | 15 | 80 | 480 | 16 | 05 | 509 | 16 | 70 |
| Chauny | 385 | 12 | 95 | 399 | 13 | 35 | 340 | 11 | 60 | 345 | 11 | 75 | 360 | 12 | 20 | 376 | 12 | 70 | 385 | 12 | 95 | 406 | 13 | 58 |
| Noyon | 401 | 13 | 45 | 415 | 13 | 85 | 356 | 12 | 10 | 361 | 12 | 25 | 376 | 12 | 70 | 392 | 13 | 20 | 401 | 13 | 45 | 422 | 14 | 10 |
| Compiègne | 425 | 14 | 15 | 439 | 14 | 55 | 380 | 12 | 80 | 385 | 12 | 95 | 400 | 13 | 40 | 416 | 13 | 90 | 425 | 14 | 15 | 446 | 14 | 80 |
| Pont-Sainte-Maxence | 446 | 14 | 80 | 460 | 15 | 20 | 401 | 13 | 45 | 406 | 13 | 60 | 421 | 14 | 05 | 437 | 14 | 55 | 446 | 14 | 80 | 467 | 15 | 45 |
| Creil | 458 | 15 | 15 | 472 | 15 | 55 | 413 | 13 | 80 | 418 | 13 | 95 | 433 | 14 | 40 | 449 | 14 | 90 | 458 | 15 | 15 | 479 | 15 | 80 |
| Hermès | 481 | 15 | 85 | 495 | 16 | 25 | 436 | 14 | 50 | 441 | 14 | 65 | 456 | 15 | 10 | 472 | 15 | 60 | 481 | 15 | 85 | 502 | 16 | 50 |
| Beauvais | 495 | 16 | 25 | 509 | 16 | 65 | 450 | 14 | 90 | 455 | 15 | 05 | 470 | 15 | 50 | 486 | 16 | » | 495 | 16 | 25 | 516 | 16 | 90 |
| Clermont | 473 | 15 | 60 | 487 | 16 | » | 428 | 14 | 25 | 433 | 14 | 40 | 448 | 14 | 85 | 464 | 15 | 35 | 473 | 15 | 60 | 494 | 16 | 25 |
| Saint-Just | 487 | 16 | » | 501 | 16 | 40 | 442 | 14 | 65 | 447 | 14 | 80 | 462 | 15 | 25 | 478 | 15 | 75 | 487 | 16 | » | 508 | 16 | 65 |
| Breteuil | 503 | 16 | 50 | 517 | 16 | 90 | 458 | 15 | 15 | 463 | 15 | 30 | 478 | 15 | 75 | 494 | 16 | 25 | 503 | 16 | 50 | 524 | 17 | 15 |
| Amiens | 538 | 17 | 55 | 552 | 17 | 95 | 493 | 16 | 20 | 498 | 16 | 35 | 513 | 16 | 80 | 529 | 17 | 30 | 538 | 17 | 55 | 559 | 18 | 20 |
| Abbeville | 582 | 18 | 85 | 596 | 19 | 25 | 537 | 17 | 50 | 542 | 17 | 65 | 557 | 18 | 10 | 573 | 18 | 60 | 582 | 18 | 85 | 603 | 19 | 50 |
| Montreuil | 625 | 20 | 10 | 539 | 20 | 50 | 578 | 18 | 75 | 583 | 18 | 90 | 598 | 19 | 35 | 614 | 19 | 85 | 623 | 20 | 10 | 644 | 20 | 75 |
| Boulogne | 661 | 21 | 25 | 575 | 21 | 65 | 616 | 19 | 90 | 621 | 20 | 05 | 636 | 20 | 50 | 652 | 21 | » | 661 | 21 | 25 | 682 | 21 | 90 |
| Albert | 553 | 18 | » | 567 | 18 | 40 | 508 | 16 | 65 | 513 | 16 | 80 | 528 | 17 | 25 | 544 | 17 | 75 | 553 | 18 | » | 574 | 18 | 65 |

(1) Via Epernay.

| DES STATIONS ci-contre | SAINT-AVOLD | | | COCHEREN. | | | VARANGEVILLE-St-NICOLAS. (1) | | | ROSIÈRES-AUX-SALINES (1) | | | LUNÉVILLE. (1) | | | EMBERMÉNIL (1) | | | AVRICOURT. (1) | | | SARREBOURG (1) | | |
|---|---|---|---|---|---|---|---|---|---|---|---|---|---|---|---|---|---|---|---|---|---|---|---|---|
| AUX STATIONS CI-APRÈS. | Dist. | PRIX. | | Dist. | PRIX. | | Dist. | PRIX. | | Dist. | PRIX. | | Dist. | PRIX. | | Dist. | PRIX. | | Dist. | PRIX. | | Dist. | PRIX. | |
| | kil. | fr. | c. | kil. | fr. | c. | kil. | fr. | c. | kil. | fr. | c. | kil. | fr. | c. | kil. | fr. | c. | kil. | fr. | c. | kil. | fr. | c. |
| Achiet | 534 | 17 | 40 | 548 | 17 | 80 | 489 | 16 | 05 | 494 | 16 | 20 | 509 | 16 | 65 | 525 | 17 | 15 | 534 | 17 | 40 | 555 | 18 | 05 |
| Arras | 517 | 16 | 90 | 531 | 17 | 30 | 472 | 15 | 55 | 477 | 15 | 70 | 492 | 16 | 15 | 508 | 16 | 65 | 517 | 16 | 90 | 538 | 17 | 55 |
| Lens | 519 | 16 | 95 | 533 | 17 | 35 | 474 | 15 | 60 | 479 | 15 | 75 | 494 | 16 | 20 | 510 | 16 | 70 | 519 | 16 | 95 | 540 | 17 | 60 |
| Béthune | 538 | 17 | 55 | 552 | 17 | 95 | 493 | 16 | 20 | 498 | 16 | 35 | 513 | 16 | 80 | 529 | 17 | 30 | 538 | 17 | 55 | 559 | 18 | 20 |
| Douai | 494 | 16 | 20 | 508 | 16 | 60 | 449 | 14 | 85 | 454 | 15 | » | 469 | 15 | 45 | 485 | 15 | 95 | 494 | 16 | 20 | 515 | 16 | 85 |
| Raismes | 494 | 16 | 20 | 508 | 16 | 60 | 449 | 14 | 85 | 454 | 15 | » | 469 | 15 | 45 | 485 | 15 | 95 | 494 | 16 | 20 | 515 | 16 | 85 |
| Valenciennes | 499 | 16 | 35 | 513 | 16 | 75 | 454 | 15 | » | 459 | 15 | 15 | 474 | 15 | 60 | 490 | 16 | 10 | 499 | 16 | 35 | 520 | 17 | » |
| Quiévrain | 513 | 16 | 80 | 527 | 17 | 20 | 468 | 15 | 45 | 473 | 15 | 60 | 488 | 16 | 05 | 504 | 16 | 55 | 513 | 16 | 80 | 534 | 17 | 45 |
| Lille | 527 | 17 | 20 | 541 | 17 | 60 | 482 | 15 | 85 | 487 | 16 | » | 502 | 16 | 45 | 518 | 16 | 95 | 527 | 17 | 20 | 548 | 17 | 85 |
| Roubaix | 535 | 17 | 45 | 549 | 17 | 85 | 490 | 16 | 10 | 495 | 16 | 25 | 510 | 16 | 70 | 526 | 17 | 20 | 535 | 17 | 45 | 556 | 18 | 10 |
| Tourcoing | 538 | 17 | 55 | 552 | 17 | 95 | 493 | 16 | 20 | 498 | 16 | 35 | 513 | 16 | 80 | 529 | 17 | 30 | 538 | 17 | 55 | 559 | 18 | 20 |
| Mouscron | 543 | 17 | 70 | 557 | 18 | 10 | 498 | 16 | 35 | 503 | 16 | 50 | 518 | 16 | 95 | 534 | 17 | 45 | 543 | 17 | 70 | 564 | 18 | 35 |
| Armentières | 542 | 17 | 65 | 556 | 18 | 05 | 497 | 16 | 30 | 502 | 16 | 45 | 517 | 16 | 90 | 533 | 17 | 40 | 542 | 17 | 65 | 563 | 18 | 30 |
| Bailleul | 554 | 18 | » | 568 | 18 | 40 | 509 | 16 | 65 | 514 | 16 | 80 | 529 | 17 | 25 | 545 | 17 | 75 | 554 | 18 | » | 575 | 18 | 65 |
| Hazebrouck | 568 | 18 | 45 | 582 | 18 | 85 | 523 | 17 | 10 | 528 | 17 | 25 | 543 | 17 | 70 | 559 | 18 | 20 | 568 | 18 | 45 | 589 | 19 | 10 |
| Dunkerque | 609 | 19 | 65 | 623 | 20 | 05 | 564 | 18 | 30 | 569 | 18 | 45 | 584 | 18 | 90 | 600 | 19 | 40 | 609 | 19 | 65 | 630 | 20 | 30 |
| Saint-Omer | 589 | 19 | 05 | 603 | 19 | 45 | 544 | 17 | 70 | 549 | 17 | 85 | 564 | 18 | 30 | 580 | 18 | 80 | 589 | 19 | 05 | 610 | 19 | 70 |
| Calais | 630 | 20 | 30 | 644 | 20 | 70 | 585 | 18 | 95 | 590 | 19 | 10 | 605 | 19 | 55 | 621 | 20 | 05 | 630 | 20 | 30 | 651 | 20 | 95 |
| Villers-Cotterets | 383 | 12 | 90 | 396 | 13 | 25 | 335 | 11 | 45 | 340 | 11 | 60 | 355 | 12 | 05 | 371 | 12 | 50 | 379 | 12 | 75 | 401 | 13 | 40 |
| Crépy-en-Valois | 400 | 13 | 40 | 413 | 13 | 75 | 352 | 11 | 95 | 357 | 12 | 10 | 372 | 12 | 55 | 388 | 13 | » | 396 | 13 | 25 | 418 | 13 | 90 |
| Dammartin-Juilly | 427 | 14 | 25 | 440 | 14 | 60 | 379 | 12 | 80 | 384 | 12 | 95 | 399 | 13 | 40 | 415 | 13 | 85 | 423 | 14 | 10 | 445 | 14 | 75 |

(1) Via Épernay.

**Nota.** — *Les expéditions de ou pour une station non dénommée ci-dessus, comprise entre deux stations dénommées, jouiront du bénéfice du présent Tarif, en payant pour la distance entière, depuis la dernière station dénommée, située avant le lieu de départ, jusqu'à la première station dénommée située après le lieu de destination, si la taxe, ainsi calculée, est plus avantageuse pour les expéditeurs que celle des Tarifs généraux ou spéciaux des deux Compagnies.*

## CONDITIONS.

Les Compagnies se réservent le droit de dépasser de huit jours les délais réglementaires pour le transport des marchandises à petite vitesse, sans que pour ce surcroît de délai elles soient soumises à aucune indemnité.

La Compagnie expéditrice seule perçoit 0 fr. 10 c. pour l'enregistrement.

Les Compagnies ne répondent pas des déchets et avaries de route.

Il ne pourra y avoir par chaque wagon qu'un seul destinataire indiqué.

Les expéditions de sel seront taxées d'après le poids brut, déduction faite du poids des sacs. — Le poids d'un sac étant évalué en moyenne à un kilog., le poids total reconnu pour l'application de la taxe devra donc être diminué d'autant de kilogrammes qu'il y aura de sacs chargés.

Les sacs vides ayant servi aux expéditions seront transportés gratis au retour, contre 10 centimes d'enregistrement.

Les expéditeurs auront toujours le choix entre les prix et conditions du présent Tarif commun spécial et les prix et conditions des Tarifs généraux ou spéciaux des deux Compagnies.

L'application du présent Tarif commun spécial reste soumise aux conditions des Tarifs particuliers de chaque Compagnie en tout ce qui n'est pas contraire aux dispositions qui précèdent.

## AVIS IMPORTANT.

*Les prix du présent Tarif commun spécial ne seront appliqués qu'autant que l'expéditeur en aura fait la demande expresse sur sa déclaration. A défaut de cette demande préalable, l'expédition sera taxée de droit aux prix et conditions des Tarifs généraux ou spéciaux de chaque Compagnie.*

## CHEMINS DE FER DE L'EST ET DU NORD.

### TRANSPORTS A PETITE VITESSE.

# TARIF COMMUN SPÉCIAL N° 7

POUR LE TRANSPORT

## des SUCRES bruts, SUCRES candis, SUCRES raffinés et VERGEOISES,

1° En cadres, cages, caisses, harasses ou fûts, quel que soit le poids de l'expédition ;
2° En vrac, par wagon chargé d'au moins 4,000 kilog., ou payant pour ce poids s'il y a avantage pour l'expéditeur.

PRIX PAR 1,000 KILOGRAMMES, DE GARE EN GARE,

*Y compris les frais de gare, tant au départ et à l'arrivée qu'aux points de jonction.*

**NOTA.** Pour les Sucres emballés, les prix comprennent également les frais de chargement et de déchargement.

| DES STATIONS CI-CONTRE AUX STATIONS CI-APRÈS. | SAINT-QUENTIN | | | CAMBRAI. | | | ARRAS. | | | DOUAI. | | | LILLE. | | | VALENCIENNES. | | |
|---|---|---|---|---|---|---|---|---|---|---|---|---|---|---|---|---|---|---|
| | DIST. | PRIX. | | DIST. | PRIX. | | DIST. | PRIX. | | DIST. | PRIX. | | DIST. | PRIX. | | DIST. | PRIX. | |
| | kil. | fr. | c. | kil. | fr. | c. | kil. | fr. | c. | kil. | fr. | c. | kil. | fr. | c. | kil. | fr. | c. |
| Reims | 104 | 12 | 20 | 157 | 17 | 10 | 220 | 21 | 40 | 197 | 17 | 10 | 230 | 21 | 40 | 202 | 17 | 10 |
| Soissons | 158 | 17 | 70 | 211 | 21 | 50 | 274 | 26 | 90 | 251 | 21 | 50 | 284 | 26 | 90 | 256 | 21 | 50 |
| Rethel | 140 | 16 | 20 | 195 | 20 | 30 | 256 | 22 | 70 | 235 | 20 | 50 | 266 | 22 | 70 | 238 | 20 | 30 |
| Mézières-Charleville | 189 | 21 | » | 242 | 22 | 70 | 305 | 22 | 70 | 282 | 22 | 70 | 315 | 25 | 35 | 287 | 25 | 20 |
| Givet | 252 | 23 | 50 | 305 | 25 | 20 | 368 | 24 | 70 | 345 | 24 | 70 | 378 | 27 | 35 | 350 | 25 | 20 |
| Sedan | 204 | 22 | 50 | 257 | 23 | 90 | 320 | 23 | 90 | 297 | 23 | 90 | 330 | 26 | 55 | 302 | 24 | 40 |
| Carignan | 227 | 24 | 80 | 280 | 25 | 75 | 343 | 25 | 75 | 320 | 25 | 75 | 353 | 28 | 40 | 325 | 26 | 25 |
| Montmédy | 253 | 27 | » | 300 | 27 | 90 | 369 | 27 | 90 | 346 | 27 | 90 | 379 | 30 | 55 | 351 | 28 | 40 |
| Longuyon | 274 | 27 | 35 | 327 | 29 | 60 | 390 | 29 | 60 | 367 | 29 | 60 | 400 | 32 | 25 | 372 | 30 | 10 |
| Thionville | 325 | 28 | 90 | 376 | 32 | 15 | 439 | 35 | 25 | 416 | 32 | 15 | 449 | 34 | 80 | 421 | 32 | 15 |
| Épernay | 134 | 15 | 30 | 187 | 19 | 60 | 250 | 24 | 50 | 227 | 19 | 60 | 260 | 24 | 50 | 232 | 19 | 60 |
| Châlons-sur-Marne | 157 | 18 | 20 | 210 | 21 | 90 | 273 | 27 | 40 | 250 | 21 | 90 | 283 | 27 | 40 | 255 | 21 | 90 |
| Vitry-le-Français | 190 | 21 | 50 | 243 | 24 | 55 | 306 | 30 | 70 | 283 | 24 | 55 | 316 | 30 | 70 | 288 | 24 | 55 |
| Saint-Dizier | 219 | 24 | 40 | 272 | 29 | 35 | 335 | 33 | 60 | 312 | 29 | 35 | 345 | 33 | 60 | 317 | 29 | 35 |
| Joinville | 249 | 27 | » | 302 | 32 | 30 | 365 | 36 | 20 | 342 | 34 | 15 | 375 | 37 | 55 | 347 | 34 | 15 |
| Donjeux | 258 | 27 | » | 311 | 32 | 30 | 374 | 36 | 20 | 351 | 35 | 75 | 384 | 39 | 15 | 356 | 35 | 75 |
| Bologne | 278 | 27 | 95 | 331 | 33 | 25 | 394 | 37 | 15 | 371 | 37 | 15 | 404 | 40 | 55 | 376 | 37 | 75 |
| Chaumont | 291 | 29 | 15 | 344 | 34 | 45 | 407 | 38 | 35 | 384 | 38 | 35 | 417 | 41 | 75 | 389 | 38 | 95 |
| Bar-le-Duc | 238 | 26 | 40 | 291 | 28 | 45 | 354 | 35 | 60 | 331 | 28 | 45 | 364 | 35 | 60 | 336 | 28 | 45 |
| Nançois-le-Petit | 250 | 27 | » | 303 | 29 | 35 | 366 | 36 | 20 | 343 | 29 | 35 | 376 | 36 | 20 | 348 | 29 | 35 |
| Commercy | 279 | 28 | 05 | 332 | 31 | 65 | 395 | 37 | 25 | 372 | 31 | 65 | 405 | 37 | 25 | 377 | 31 | 65 |
| Toul | 304 | 30 | 30 | 357 | 33 | 65 | 420 | 39 | 50 | 397 | 33 | 65 | 430 | 39 | 50 | 402 | 33 | 65 |
| Uckange | 326 | 29 | 40 | 379 | 34 | 25 | 442 | 33 | 75 | 419 | 33 | 75 | 452 | 36 | 40 | 424 | 34 | 25 |
| Metz | 354 | 31 | 65 | 407 | 35 | 35 | 470 | 35 | 85 | 447 | 35 | 85 | 480 | 38 | 50 | 452 | 36 | 35 |
| Saint-Avold | 401 | 35 | 40 | 454 | 39 | 10 | 517 | 39 | 45 | 494 | 39 | 45 | 427 | 42 | 10 | 499 | 39 | 95 |
| Forbach | 421 | 36 | 90 | 474 | 40 | 60 | 537 | 40 | 85 | 514 | 40 | 85 | 547 | 43 | 50 | 519 | 41 | 35 |
| Nancy | 338 | 33 | » | 391 | 36 | 40 | 454 | 42 | 20 | 431 | 36 | 40 | 464 | 42 | 55 | 436 | 36 | 40 |
| Charmes | 386 | 34 | 30 | 439 | 39 | 60 | 502 | 43 | 50 | 479 | 43 | 50 | 512 | 46 | 90 | 484 | 44 | 10 |

| DES STATIONS CI-CONTRE AUX STATIONS CI-APRÈS. | SAINT-QUENTIN. | | | CAMBRAI. | | | ARRAS. | | | DOUAI. | | | LILLE. | | | VALENCIENNES. | | |
|---|---|---|---|---|---|---|---|---|---|---|---|---|---|---|---|---|---|---|
| | DIST. | PRIX. | | DIST. | PRIX. | | DIST. | PRIX. | | DIST. | PRIX. | | DIST. | PRIX. | | DIST. | PRIX. | |
| | kil. | fr. | c. | kil. | fr. | c. | kil. | fr. | c. | kil. | fr. | c. | kil. | fr. | c. | kil. | fr. | c. |
| Épinal | 411 | 36 | 50 | 464 | 41 | 60 | 527 | 45 | 50 | 504 | 45 | 50 | 537 | 48 | 90 | 509 | 46 | 10 |
| Lunéville | 370 | 33 | » | 423 | 38 | 30 | 486 | 42 | 20 | 463 | 42 | 20 | 496 | 45 | 60 | 468 | 42 | 80 |
| Sarrebourg | 416 | 36 | 70 | 469 | 42 | » | 532 | 45 | 90 | 509 | 45 | 90 | 542 | 49 | 30 | 514 | 46 | 50 |
| Saverne | 443 | 38 | 85 | 496 | 44 | 15 | 559 | 48 | 05 | 536 | 48 | 05 | 569 | 51 | 45 | 541 | 48 | 65 |
| Haguenau | 499 | 43 | 30 | 552 | 48 | 60 | 615 | 52 | 50 | 592 | 52 | 50 | 625 | 55 | 90 | 597 | 53 | 10 |
| Wissembourg | 532 | 45 | 95 | 585 | 51 | 25 | 648 | 55 | 15 | 625 | 55 | 15 | 658 | 58 | 55 | 630 | 55 | 75 |
| Strasbourg | 487 | 42 | 35 | 540 | 47 | 65 | 603 | 51 | 55 | 580 | 51 | 55 | 613 | 54 | 95 | 585 | 52 | 15 |
| Schlestadt | 529 | 45 | 70 | 582 | 51 | » | 648 | 54 | 90 | 622 | 54 | 90 | 655 | 58 | 30 | 627 | 55 | 50 |
| Colmar | 552 | 47 | 55 | 605 | 52 | 85 | 668 | 56 | 75 | 645 | 56 | 75 | 678 | 60 | 15 | 650 | 57 | 35 |
| Rouffach | 548 | 47 | 25 | 601 | 52 | 55 | 664 | 56 | 45 | 641 | 56 | 45 | 674 | 59 | 85 | 646 | 57 | 05 |
| Bollwiller | 536 | 46 | 30 | 589 | 51 | 60 | 652 | 55 | 50 | 629 | 55 | 50 | 662 | 58 | 90 | 634 | 56 | 10 |
| Cernay | 534 | 46 | 10 | 587 | 51 | 40 | 650 | 55 | 30 | 627 | 55 | 30 | 660 | 58 | 70 | 632 | 55 | 90 |
| Thann | 539 | 46 | 50 | 592 | 51 | 80 | 655 | 55 | 70 | 632 | 55 | 70 | 665 | 59 | 10 | 637 | 56 | 30 |
| Wesserling | 552 | 47 | 55 | 605 | 52 | 85 | 668 | 56 | 75 | 645 | 56 | 75 | 678 | 60 | 15 | 650 | 57 | 35 |
| Mulhouse | 520 | 45 | 10 | 573 | 50 | 40 | 636 | 54 | 30 | 613 | 54 | 30 | 646 | 57 | 70 | 618 | 54 | 90 |
| Bâle | 553 | 47 | 65 | 606 | 52 | 95 | 669 | 56 | 85 | 646 | 56 | 85 | 679 | 60 | 25 | 651 | 57 | 45 |
| Bar-sur-Aube | 328 | 32 | 45 | 381 | 37 | 75 | 444 | 41 | 65 | 421 | 41 | 65 | 454 | 45 | 05 | 426 | 42 | 25 |
| Jessains | 338 | 33 | 35 | 391 | 38 | 65 | 454 | 42 | 55 | 431 | 42 | 55 | 464 | 45 | 95 | 436 | 43 | 15 |
| Vendeuvre | 349 | 34 | » | 402 | 39 | 30 | 465 | 43 | 20 | 442 | 43 | 20 | 475 | 46 | 60 | 447 | 43 | 80 |
| Langres | 326 | 32 | 25 | 379 | 37 | 55 | 442 | 41 | 45 | 419 | 41 | 45 | 452 | 44 | 85 | 424 | 42 | 05 |
| Gray | 382 | 33 | 95 | 435 | 39 | 25 | 498 | 41 | 45 | 475 | 41 | 45 | 508 | 44 | 85 | 480 | 42 | 05 |
| Jussey | 376 | 33 | 50 | 429 | 38 | 80 | 492 | 42 | 70 | 469 | 42 | 70 | 502 | 46 | 10 | 474 | 43 | 30 |
| Vesoul | 410 | 36 | 30 | 463 | 41 | 60 | 526 | 45 | 50 | 503 | 45 | 50 | 536 | 48 | 90 | 508 | 46 | 10 |
| Lure | 440 | 38 | 70 | 493 | 44 | » | 556 | 47 | 90 | 533 | 47 | 90 | 566 | 51 | 30 | 538 | 48 | 50 |
| Belfort | 472 | 41 | 15 | 525 | 46 | 45 | 588 | 50 | 35 | 565 | 50 | 35 | 598 | 53 | 75 | 570 | 50 | 95 |
| Altkirch | 504 | 43 | 70 | 557 | 49 | » | 620 | 52 | 90 | 597 | 52 | 90 | 630 | 56 | 30 | 602 | 53 | 50 |

De la gare de **PARIS** (Chapelle) à la gare de **REIMS**, 158 kilomètres, 12 fr. 50 c. par tonne.

**NOTA.** — *Les expéditions de ou pour une station non dénommée ci-dessus, comprise entre deux stations dénommées, jouiront du bénéfice du présent Tarif en payant pour la distance entière, depuis la dernière station dénommée située avant le lieu de départ jusqu'à la première station dénommée située après le lieu de destination, si la taxe, ainsi calculée, est plus avantageuse pour les expéditeurs que celle des Tarifs généraux ou spéciaux des deux Compagnies.*

## CONDITIONS.

Les Compagnies se réservent le droit de dépasser de huit jours les délais réglementaires pour le transport des marchandises à petite vitesse, sans que pour ce surcroît de délai elles soient soumises à aucune indemnité.

La Compagnie expéditrice, seule, perçoit un droit d'enregistrement de 0 fr. 10 cent. par expédition.

### Sucres en cadres, cages, caisses, harasses ou fûts.

Les cadres, cages, caisses, harasses ou fûts, devront être bâchés et plombés.

La responsabilité à encourir par les Compagnies se borne à la reproduction, à l'arrivée, des cadres, cages, caisses, harasses ou fûts, dans l'état où ces emballages auront été remis au départ.

Le retour des cadres, cages, caisses, harasses ou fûts aura lieu *franco et contre 0 fr. 10 c.* pour droit d'enregistrement, à la condition qu'ils pourront se démonter de manière à ne tenir que peu de place sur les wagons.

Les cadres, cages, caisses, harasses ou fûts qui ne se démonteraient pas seront taxés, au retour, à raison de 0 fr. 10 c. par tonne et par kilomètre.

Ce transport au retour n'aura lieu dans les conditions indiquées ci-dessus qu'autant que l'expéditeur pourra justifier par un bulletin, au moment de l'expédition des emballages vides, que le transport de la marchandise qu'ils ont renfermée a bien été effectué par les Compagnies. Les bulletins sont fournis aux expéditeurs par la station de départ de la marchandise.

Tout bulletin de retour, ayant plus de deux mois de date, cessera d'être valable et sera considéré comme nul.

Les expéditeurs et les destinataires devront se conformer aux prescriptions des Compagnies à l'égard des bulletins de retour.

Les cadres, cages, caisses, harasses ou fûts devront être fournis par les expéditeurs, et construits de manière à pouvoir être chargés facilement sur plates-formes.

### Sucres en vrac, par wagon chargé d'au moins 4,000 kilog.

Le chargement et le déchargement doivent être faits par les soins et aux frais des expéditeurs et des destinataires.

Les wagons doivent être bâchés et plombés à la gare de départ, pour être remis en cet état à la gare d'arrivée entre les mains des destinataires. Il ne pourra y avoir pour chaque wagon qu'un seul destinataire indiqué.

La responsabilité à encourir par les Compagnies se borne à la remise du wagon aux mains du destinataire avec les bâches et plombs apposés au départ par les soins de l'expéditeur.

Les expéditeurs ont toujours le choix entre les prix et conditions du présent Tarif commun spécial et les prix et conditions des Tarifs particuliers aux deux Compagnies.

L'application du présent Tarif commun spécial reste d'ailleurs soumise aux conditions des Tarifs particuliers à chaque Compagnie, en tout ce qui n'est pas contraire aux dispositions qui précèdent.

**AVIS IMPORTANT.** — Les prix du présent Tarif commun spécial ne seront appliqués qu'autant que l'expéditeur en aura fait la demande expresse sur sa déclaration; à défaut de cette demande préalable, l'expédition sera taxée de droit aux prix et conditions des Tarifs généraux de chaque Compagnie.

CHEMINS DE FER DE L'EST ET DU NORD.

---

TRANSPORTS A PETITE VITESSE.

---

# TARIF COMMUN SPÉCIAL P. V. N° 8,

## VIA PARIS ET LAON,

POUR LE TRANSPORT

**Des agglomérés de HOUILLE, CHARBON DE TERRE, de LA HOUILLE, du COKE et du COKE de Boghead.**

**Par wagon chargé d'au moins 10,000 kilogrammes, ou en payant pour ce poids s'il y a avantage pour l'expéditeur.**

# 1° TRANSPORTS PAR PARIS.

PRIX PAR 1,000 KILOGRAMMES,

*de gare en gare, y compris les frais de gare, tant au départ et à l'arrivée qu'aux points de jonction.*

| DES STATIONS CI-CONTRE<br>AUX STATIONS CI-APRÈS. | DISTANCES DE SAINT-VALERY | QUÉVY, ERQUELINES, LOURCHES, SOMAIN, RAISMES, DOUAI, PONT-DE-LA-DEULE LEFOREST, QUIÉVRAIN, CARVIN, HÉNIN-LIÉTARD, LENS. | BULLY-GRENAY, NŒUX, BÉTHUNE, CHOCQUES, LILLERS. | SAINT-VALERY, BOULOGNE, CALAIS, DUNKERQUE. |
|---|---|---|---|---|
| Gagny | 209 | 9 30 | 9 30 | 9 30 |
| Chelles | 214 | 9 70 | 9 70 | 9 70 |
| Lagny-Thorigny | 223 | 10 40 | 10 40 | 10 40 |
| Esbly | 231 | 11 05 | 11 05 | 11 05 |
| Meaux | 239 | 11 70 | 11 70 | 11 70 |
| Trilport | 245 | 12 15 | 12 15 | 12 15 |
| La Ferté-sous-Jouarre | 260 | » | 13 10 | 13 10 |
| Nanteuil-Saacy | 269 | » | 13 25 | 13 25 |
| Nogent-l'Artaud | 279 | » | 13 25 | 13 25 |
| Nogent-sur-Marne | 211 | 9 45 | 9 45 | 9 45 |
| Emérainville-Pontault | 222 | 10 35 | 10 35 | 10 35 |
| Ozouer-la-Ferrière | 228 | 10 80 | 10 80 | 10 80 |
| Gretz-Armainvilliers | 234 | 11 30 | 11 30 | 11 30 |
| Tournan | 236 | 11 45 | 11 45 | 11 45 |
| Mortcerf | 251 | 12 40 | 12 40 | 12 40 |
| Coulommiers | 267 | 13 25 | 13 25 | 13 25 |
| Ozouer-le-Voulgis | 244 | 12 10 | 12 10 | 12 10 |
| Verneuil-Chaumes | 248 | 12 40 | 12 40 | 12 40 |
| Mormant | 254 | 12 55 | 12 55 | 12 55 |
| Nangis | 265 | 12 55 | 12 55 | 12 55 |
| Maison-Rouge | 275 | 13 25 | 13 25 | 13 25 |
| Longueville | 285 | 13 25 | 13 25 | 13 25 |
| Provins | 290 | 13 25 | 13 25 | 13 25 |
| Les Ormes | 291 | 13 25 | 13 25 | 13 25 |
| Vimpelles | 298 | 13 35 | 13 35 | 13 35 |
| Châtenay | 303 | 13 70 | 13 70 | 13 70 |
| Hermé | 291 | 13 25 | 13 25 | 13 25 |
| Melz | 300 | 13 45 | 13 45 | 13 45 |
| Nogent-sur-Seine | 306 | 13 75 | 13 75 | 13 75 |
| Pont-sur-Seine | 314 | 14 15 | 14 15 | 14 15 |
| Romilly | 324 | 14 65 | 14 65 | 14 65 |
| Mesgrigny | 336 | 15 25 | 15 25 | 15 25 |
| Saint-Mesmin | 342 | 15 55 | 15 55 | 15 55 |
| Payns | 350 | 15 95 | 15 95 | 15 95 |
| Barberey | 356 | 16 25 | 16 25 | 16 25 |
| Troyes | 361 | 16 50 | 16 50 | 16 50 |
| Bar-sur-Seine | 391 | 17 80 | 17 80 | 17 80 |
| Rouillly-Saint-Loup | 370 | 16 95 | 16 95 | 16 95 |
| Lusigny | 377 | 17 30 | 17 30 | 17 30 |
| Montiéramey | 384 | 17 65 | 17 65 | 17 65 |
| Vendeuvre | 394 | » | 17 80 | 17 80 |
| Jessains | 405 | » | » | 18 20 |
| Bar-sur Aube | 416 | » | » | 18 40 |

Pour les stations sans indication de prix, les transports ont lieu par **Laon**. (Voir page 50 et suivantes.)

**Nota.** — Les distances portées au tableau ci-dessus sont celles de Saint-Valery. — Pour obtenir les autres distances, il suffit d'ajouter à celles de Saint-Valery les chiffres suivants :

| | | | | | | | |
|---|---|---|---|---|---|---|---|
| Pour Quévy............ | 40 | kilomètres. | Pour Le Forest........ | 30 | kilomètres. | Pour Béthune.......... | 36 | kilomètres. |
| — Erquelines......... | 46 | id. | — Quiévrain......... | 69 | id. | — Chocques......... | 42 | id. |
| — Lourches.......... | 29 | id. | — Carvin............ | 37 | id. | — Lillers............ | 49 | id. |
| — Somain............ | 35 | id. | — Hénin-Liétard..... | 26 | id. | — Boulogne......... | 59 | id. |
| — Raismes.......... | 50 | id. | — Lens.............. | 17 | id. | — Calais............ | 132 | id. |
| — Douai............ | 25 | id. | — Bully-Grenay...... | 25 | id. | — Dunkerque........ | 111 | id. |
| — Pont-de-la-Deûle... | 26 | id. | — Nœux............ | 31 | id. | | | |

---

**Nota.**—La Houille et le Coke, expédiés aux conditions du présent Tarif, *à* ou *pour* une station non dénommée ci-dessus, comprise entre deux stations dénommées, jouiront du bénéfice de ce Tarif, en payant le prix fixé pour la distance entière, depuis la dernière station dénommée située avant le lieu de départ, jusqu'à la première station dénommée située après le lieu de destination, si la taxe ainsi calculée, est plus avantageuse pour les expéditeurs que celle des Tarifs généraux ou spéciaux des diverses Compagnies.

---

# 2° TRANSPORTS PAR LAON.

**PRIX PAR 1,000 KILOGRAMMES,**

*de gare en gare, y compris les frais de gare, tant au départ et à l'arrivée qu'au point de jonction.*

| DES STATIONS CI-CONTRE AUX STATIONS CI-APRÈS. | DISTANCES DE LOURCHES. | QUÉVY, ERQUELINES. | LOURCHES, SOMAIN. | RAISMES, DOUAI, VALENCIENNES PONT-DE-LA-DEULE, LE FOREST. | QUIÉVRAIN. | CARVIN, HÉNIN-LIÉTARD, LENS. | BULLY-GRENAY, NŒUX, BÉTHUNE, CHOCQUES, LILLERS. | SAINT-VALERY, BOULOGNE, CALAIS, DUNKERQUE. |
|---|---|---|---|---|---|---|---|---|
| Coucy-les-Eppes | 134 | 5 30 | 5 30 | 6 » | 6 60 | 6 60 | 7 10 | 8 80 |
| Saint-Erme | 141 | 5 75 | 5 75 | 6 45 | 7 05 | 7 05 | 7 55 | 9 25 |
| Guignicourt | 153 | | | | | | | |
| Loivre | 163 | 6 50 | 6 50 | 7 20 | 7 80 | 7 80 | 8 30 | 10 » |
| Reims | 175 | | | | | | | |
| Muizon | 183 | | | | | | | |
| Jonchery | 191 | | | | | | | |
| Fismes | 201 | 7 45 | 7 45 | 8 15 | 8 75 | 8 75 | 9 25 | 10 95 |
| Braine | 213 | | | | | | | |
| Ciry-Sermoise | 219 | 8 05 | 8 05 | 8 75 | 9 35 | 9 35 | 9 85 | » |
| Soissons | 229 | | | | | | | |
| Witry-lès-Reims | 180 | | | | | | | |
| Bazancourt | 189 | | | | | | | |
| Le Châtelet | 199 | 7 50 | 7 50 | 8 20 | 8 80 | 8 80 | 9 30 | 11 » |
| Rethel | 211 | | | | | | | |
| Amagne | 219 | | | | | | | |
| Saulces-Monclin | 227 | » | 8 40 | 9 10 | » | 9 70 | 10 20 | 11 90 |
| Launois | 236 | | | | | | | |
| Poix-Terron | 243 | | | | | | | |
| Boulzicourt | 251 | | | | | | | |
| Mohon | 257 | » | 9 20 | 9 90 | » | 10 50 | 11 » | 12 70 |
| Mézières-Charleville | 260 | | | | | | | |
| Nouzon | 267 | | | | | | | |
| Braux | 275 | | | | | | | |
| Monthermé | 277 | » | 9 95 | 10 65 | » | 11 25 | 11 75 | 13 45 |
| Deville | 284 | | | | | | | |
| Revin | 293 | » | 10 35 | 11 05 | » | 11 65 | 12 15 | 13 85 |
| Fumay | 300 | » | 10 65 | 11 35 | » | 11 95 | 12 45 | 14 15 |
| Vireux | 313 | » | 11 10 | 11 80 | » | 12 40 | 12 90 | 14 60 |
| Givet | 323 | » | 11 45 | 12 15 | » | 12 75 | 13 25 | 14 95 |
| Nouvion-sur-Meuse | 263 | » | 9 40 | 10 10 | » | 10 70 | 11 20 | 12 90 |
| Doncherry | 271 | » | 9 70 | 10 40 | » | 11 » | 11 50 | 13 20 |
| Sedan | 273 | | | | | | | |
| Bazeilles | 282 | » | 9 95 | 10 65 | » | 11 25 | 11 75 | 13 45 |
| Douzy | 285 | » | 10 10 | 10 80 | » | 11 40 | 11 90 | 13 60 |
| Pouru-Brévilly | 289 | » | 10 20 | 10 90 | » | 11 50 | 12 » | 13 70 |
| Carignan | 298 | » | 10 55 | 11 25 | » | 11 85 | 12 35 | 14 05 |
| Margut | 306 | » | 10 80 | 11 50 | » | 12 10 | 12 60 | 14 30 |
| Lamouilly | 312 | » | 11 05 | 11 75 | » | 12 35 | 12 85 | 14 55 |
| Chauvency | 319 | » | 11 25 | 11 95 | » | 12 55 | 13 05 | 14 75 |
| Montmédy | 324 | » | 11 50 | 12 20 | » | 12 80 | 13 30 | 15 » |
| Vezin | 336 | » | 11 90 | 12 60 | » | 13 20 | 13 70 | 15 40 |
| Longuyon | 345 | » | 12 20 | 12 90 | » | 13 50 | 14 » | 15 70 |
| Cons-la-Granville | 356 | » | 12 20 | 12 90 | » | 13 50 | 14 » | 15 70 |
| Longwy | 361 | » | 12 20 | 12 90 | » | 13 50 | 14 » | 15 70 |
| Pierrepont | 354 | » | 12 55 | 13 25 | » | 13 85 | 14 35 | 16 05 |
| Joppécourt | 363 | » | 12 80 | 13 50 | » | 14 10 | 14 60 | 16 30 |
| Audun-le-Roman | 370 | » | 13 10 | 13 80 | » | 14 40 | 14 90 | 16 60 |

| DES STATIONS CI-CONTRE AUX STATIONS CI-APRÈS. | DISTANCES DE LOURCHES. | QUÉVY, ERQUELINES. | LOURCHES, SOMAIN. | RAISMES, DOUAI, VALENCIENNES PONT-DE-LA-DEULE LE FOREST. | QUIÉVRAIN. | CARVIN, HÉNIN-LIÉTARD, LENS. | BULLY-GRENAY, NŒUX, BÉTHUNE, CHOCQUES, LILLERS. | SAINT-VALERY, BOULOGNE, CALAIS, DUNKERQUE. |
|---|---|---|---|---|---|---|---|---|
| Foutoy | 378 | » | 13 35 | 14 05 | » | 14 65 | 15 15 | 16 85 |
| Hayange | 386 | » | 13 65 | 14 35 | » | 14 95 | 15 45 | 17 15 |
| Thionville | 394 | » | 13 90 | 14 60 | » | 15 20 | 15 70 | 17 40 |
| Rilly-la-Montagne | 186 | 7 05 | 7 05 | 7 75 | 8 35 | 8 35 | 8 85 | 10 55 |
| Avenay | 198 | 7 55 | 7 55 | 8 25 | 8 85 | 8 85 | 9 35 | 11 05 |
| Aï | 202 | 7 70 | 7 70 | 8 40 | 9 » | 9 » | 9 50 | 11 20 |
| Epernay | 205 | 7 80 | 7 80 | 8 50 | 9 10 | 9 10 | 9 60 | 11 30 |
| Damery-Boursault | 212 | 8 10 | 8 10 | 8 80 | 9 40 | 9 40 | 9 90 | 11 60 |
| Châtillon-Port-à-Binson | 220 | 8 40 | 8 40 | 9 10 | 9 70 | 9 70 | 10 20 | 11 90 |
| Dormans | 230 | 8 80 | 8 80 | 9 50 | 10 10 | 10 10 | 10 60 | 12 30 |
| Varennes | 240 | 9 20 | 9 20 | 9 90 | 10 50 | 10 50 | 11 » | 12 70 |
| Château-Thierry | 252 | 9 70 | 9 70 | 10 40 | 11 » | 11 » | 11 50 | 13 20 |
| Nogent-l'Artaud | 263 | 10 15 | 10 15 | 10 85 | 11 45 | 11 45 | 11 95 | » |
| Nanteuil-Saâcy | 273 | 10 55 | 10 55 | 11 25 | 11 85 | 11 85 | 12 35 | » |
| La Ferté-sous-Jouarre | 281 | 10 85 | 10 85 | 11 55 | 12 15 | 12 15 | 12 65 | » |
| Oiry-Avize | 210 | 8 » | 8 » | 8 70 | 9 30 | 9 30 | 9 80 | 11 50 |
| Mourmelon-le-Petit | 202 | 7 70 | 7 70 | 8 40 | 9 » | 9 » | 9 50 | 11 20 |
| Châlons-sur-Marne | 228 | 8 75 | 8 75 | 9 45 | 10 05 | 10 05 | 10 55 | 12 25 |
| Vitry-la-Ville | 244 | 9 40 | 9 40 | 10 10 | 10 70 | 10 70 | 11 20 | 12 90 |
| Loisy | 255 | 9 80 | 9 80 | 10 50 | 11 10 | 11 10 | 11 60 | 13 30 |
| Vitry-le-Français | 261 | 10 05 | 10 05 | 10 75 | 11 35 | 11 35 | 11 85 | 13 55 |
| Blesme-Haussignemont | 273 | 10 55 | 10 55 | 11 25 | 11 85 | 11 85 | 12 35 | 14 05 |
| Saint-Dizier | 290 | 11 20 | 11 20 | 11 90 | 12 50 | 12 50 | 13 » | 14 70 |
| Eurville | 301 | 11 65 | 11 65 | 12 35 | 12 95 | 12 95 | 13 45 | 15 15 |
| Chevillon | 309 | 12 » | 12 » | 12 70 | 13 30 | 13 30 | 13 80 | 15 50 |
| Joinville | 320 | 12 40 | 12 40 | 13 10 | 13 70 | 13 70 | 14 20 | 15 90 |
| Donjeux | 329 | 12 80 | 12 80 | 13 50 | 14 10 | 14 10 | 14 60 | 16 30 |
| Vignory | 341 | 13 25 | 13 25 | 13 95 | 14 55 | 14 55 | 15 05 | 16 75 |
| Bologne | 349 | 13 60 | 13 60 | 14 30 | 14 90 | 14 90 | 15 40 | 17 10 |
| Chaumont | 362 | 14 10 | 14 10 | 14 80 | 15 40 | 15 40 | 15 90 | 17 60 |
| Bricon | 370 | 14 40 | 14 40 | 15 10 | 15 70 | 15 70 | 16 20 | 17 90 |
| Maranville | 380 | 14 80 | 14 80 | 15 50 | 16 10 | 16 10 | 16 60 | 18 30 |
| Clairvaux | 386 | 15 05 | 15 05 | 15 75 | 16 35 | 16 35 | 16 85 | 18 55 |
| Bar-sur-Aube | 309 | 15 60 | 15 60 | 16 30 | 16 90 | 16 90 | 17 40 | » |
| Jessains | 409 | 16 » | 16 » | 16 70 | 17 30 | 17 30 | 17 80 | » |
| Vendeuvre | 420 | 16 40 | 16 40 | 17 10 | 17 70 | 17 70 | » | » |
| Foulain | 374 | 14 60 | 14 60 | 15 30 | 15 90 | 15 90 | 16 40 | 18 10 |
| Rolampont | 387 | 15 10 | 15 10 | 15 80 | 16 40 | 16 40 | 16 90 | 18 60 |
| Langres | 397 | 15 50 | 15 50 | 16 20 | 16 80 | 16 80 | 17 30 | 19 » |
| Chalindrey | 408 | 15 95 | 15 95 | 16 65 | 17 25 | 17 25 | 17 75 | 19 45 |
| Maâtz | 421 | 16 45 | 16 45 | 17 15 | 17 75 | 17 75 | 18 25 | 19 95 |
| Champlitte | 434 | 17 » | 17 » | 17 70 | 18 30 | 18 30 | 18 80 | 20 50 |
| Oyrières | 443 | 17 35 | 17 35 | 18 05 | 18 65 | 18 65 | 19 15 | 20 85 |
| Gray | 453 | 17 75 | 17 75 | 18 45 | 19 05 | 19 05 | 19 55 | 21 25 |
| Hortes | 417 | 16 30 | 16 30 | 17 » | 17 60 | 17 60 | 18 10 | 19 80 |
| Charmoy-Fayl-Billot | 424 | 16 60 | 16 60 | 17 30 | 17 90 | 17 90 | 18 40 | 20 10 |
| La Ferté-Bourbonne | 428 | 16 75 | 16 75 | 17 45 | 18 05 | 18 05 | 18 55 | 20 25 |
| Vitrey | 436 | 17 05 | 17 05 | 17 75 | 18 35 | 18 35 | 18 85 | 20 55 |
| Jussey | 447 | 17 50 | 17 50 | 18 20 | 18 80 | 18 80 | 19 30 | 21 » |
| Monthureux | 454 | 17 80 | 17 80 | 18 50 | 19 10 | 19 10 | 19 60 | 21 30 |
| Faverney | 466 | 18 20 | 18 20 | 18 90 | 19 50 | 19 50 | 20 » | 21 70 |
| Conflans | 477 | 18 65 | 18 65 | 19 35 | 19 95 | 19 95 | 20 45 | 22 15 |
| Saint-Loup | 486 | 19 » | 19 » | 19 70 | 20 30 | 20 30 | 20 80 | 22 50 |
| Aillevillers-Plombières | 491 | 19 20 | 19 20 | 19 90 | 20 50 | 20 50 | 21 » | 22 70 |
| Bains | 505 | 19 80 | 19 80 | 20 50 | 21 10 | 21 10 | 21 60 | 23 30 |
| Xertigny | 501 | 19 65 | 19 65 | 20 35 | 20 95 | 20 95 | 21 45 | 23 15 |
| Dounoux | 493 | 19 30 | 19 30 | 20 » | 20 60 | 20 60 | 21 10 | 22 80 |

| DES STATIONS CI-CONTRE AUX STATIONS CI-APRÈS. | DISTANCES DE LOURCHES. | QUÉVY, ERQUELINES. | LOURCHES, SOMAIN. | RAISMES, DOUAI, VALENCIENNES PONT-DE-LA-DEULE, LE FOREST. | QUIÉVRAIN. | CARVIN, HÉNIN-LIÉTARD, LENS. | BULLY-GRENAY, NŒUX, BÉTHUNE CHOCQUES, LILLERS. | SAINT-VALERY, BOULOGNE, CALAIS, DUNKERQUE. |
|---|---|---|---|---|---|---|---|---|
| Port-d'Atelier | 461 | 18 05 | 18 05 | 18 75 | 19 35 | 19 35 | 19 85 | 21 55 |
| Port-sur-Saône | 470 | 18 40 | 18 40 | 19 10 | 19 70 | 19 70 | 20 20 | 21 90 |
| Vesoul | 481 | 18 85 | 18 85 | 19 55 | 20 15 | 20 15 | 20 65 | 22 35 |
| Colombier | 489 | 19 20 | 19 20 | 19 90 | 20 50 | 20 50 | 21 » | 22 70 |
| Creveney | 495 | 19 40 | 19 40 | 20 10 | 20 70 | 20 70 | 21 20 | 22 90 |
| Genevreuille | 503 | 19 75 | 19 75 | 20 45 | 21 05 | 21 05 | 21 55 | 23 25 |
| Lure | 511 | 20 05 | 20 05 | 20 75 | 21 35 | 21 35 | 21 85 | 23 55 |
| Ronchamp | 522 | 20 50 | 20 50 | 21 20 | 21 80 | 21 80 | 22 30 | 24 » |
| Champagney | 528 | 20 75 | 20 75 | 21 45 | 22 05 | 22 05 | 22 55 | 24 25 |
| Bas-Evette | 536 | 21 05 | 21 05 | 21 75 | 22 35 | 22 35 | 22 85 | 24 55 |
| Belfort | 543 | 21 35 | 21 35 | 22 05 | 22 65 | 22 65 | 23 15 | 24 85 |
| Chèvremont | 549 | 21 60 | 21 60 | 22 30 | 22 90 | 22 90 | 23 40 | 25 10 |
| Montreux-Vieux | 557 | 21 90 | 21 90 | 22 60 | 23 20 | 23 20 | 23 70 | 25 40 |
| Dannemarie | 565 | 22 20 | 22 20 | 22 90 | 23 50 | 23 50 | 24 » | 25 70 |
| Altkirch | 575 | 22 60 | 22 60 | 23 30 | 23 90 | 23 90 | 24 40 | 26 10 |
| Illfurth | 582 | 22 90 | 22 90 | 23 60 | 24 20 | 24 20 | 24 70 | 26 40 |
| Mulhouse | 591 | 23 25 | 23 25 | 23 95 | 24 55 | 24 55 | 25 05 | 26 75 |
| Pargny | 281 | 10 85 | 10 85 | 11 55 | 12 15 | 12 15 | 12 65 | 14 35 |
| Sermaize | 287 | 11 10 | 11 10 | 11 80 | 12 40 | 12 40 | 12 90 | 14 60 |
| Revigny | 294 | 11 40 | 11 40 | 12 10 | 12 70 | 12 70 | 13 20 | 14 90 |
| Mussey | 301 | 11 65 | 11 65 | 12 35 | 12 95 | 12 95 | 13 45 | 15 15 |
| Bar-le-Duc | 309 | 12 » | 12 » | 12 70 | 13 30 | 13 30 | 13 80 | 15 50 |
| Longeville | 314 | 12 20 | 12 20 | 12 90 | 13 50 | 13 50 | 14 » | 15 70 |
| Nançois-le-Petit | 321 | 12 45 | 12 45 | 13 15 | 13 75 | 13 75 | 14 25 | 15 95 |
| Loxeville | 332 | 12 90 | 12 90 | 13 60 | 14 20 | 14 20 | 14 70 | 16 40 |
| Lérouville | 345 | 13 40 | 13 40 | 14 10 | 14 70 | 14 70 | 15 20 | 16 90 |
| Commercy | 350 | 13 60 | 13 60 | 14 30 | 14 90 | 14 90 | 15 40 | 17 10 |
| Sorcy | 358 | 13 95 | 13 95 | 14 65 | 15 25 | 15 25 | 15 75 | 17 45 |
| Vaucouleurs-Pagny | 364 | 14 20 | 14 20 | 14 90 | 15 50 | 15 50 | 16 » | 17 70 |
| Foug | 369 | 14 40 | 14 40 | 15 10 | 15 70 | 15 70 | 16 20 | 17 90 |
| Toul | 375 | 14 60 | 14 60 | 15 30 | 15 90 | 15 90 | 16 40 | 18 10 |
| Fontenoy-sur-Moselle | 384 | 15 » | 15 » | 15 70 | 16 30 | 16 30 | 16 80 | 18 50 |
| Liverdun | 393 | 15 35 | 15 35 | 16 05 | 16 65 | 16 65 | 17 15 | 18 85 |
| Frouard | 400 | 15 60 | 15 60 | 16 30 | 16 90 | 16 90 | 17 40 | 19 10 |
| Marbache | 405 | » | 15 80 | 16 50 | » | 17 10 | 17 60 | 19 30 |
| Dieulouard | 411 | » | 16 05 | 16 75 | » | 17 35 | 17 85 | 19 55 |
| Pont-à-Mousson | 418 | » | 16 35 | 17 05 | » | 17 65 | 18 15 | 19 85 |
| Pagny-sur-Moselle | 428 | » | 16 75 | 17 45 | » | 18 05 | 18 55 | 20 25 |
| Novéant | 433 | » | 16 95 | 17 65 | » | 18 25 | 18 75 | 20 45 |
| Ars-sur-Moselle | 427 | » | 16 70 | 17 40 | » | 18 » | 18 50 | 20 20 |
| Metz | 425 | » | 16 60 | 17 30 | » | 17 90 | 18 40 | 20 10 |
| Devant-les-Ponts | 417 | » | 16 30 | 17 » | » | 17 60 | 18 10 | 19 80 |
| Maizières | 403 | » | 15 95 | 16 65 | » | 17 25 | 17 75 | 19 45 |
| Hagondange | 403 | » | 15 75 | 16 45 | » | 17 05 | 17 55 | 19 25 |
| Uckange | 397 | » | 15 50 | 16 20 | » | 16 80 | 17 30 | 19 » |
| Nancy | 409 | 16 » | 16 » | 16 70 | 17 30 | 17 30 | 17 80 | 19 50 |
| Varangeville-St-Nicolas | 421 | 16 35 | 16 35 | 17 05 | 17 65 | 17 65 | 18 15 | 19 85 |
| Rosières-aux-Salines | 426 | 16 55 | 16 65 | 17 25 | 17 85 | 17 85 | 18 35 | 20 05 |
| Einvaux | 439 | 17 10 | 17 10 | 17 80 | 18 40 | 18 40 | 18 90 | 20 60 |
| Bayon | 446 | 17 40 | 17 40 | 18 10 | 18 70 | 18 70 | 19 20 | 20 90 |
| Charmes | 457 | 17 80 | 17 80 | 18 50 | 19 10 | 19 10 | 19 60 | 21 30 |
| Châtel-Nomexy | 467 | 18 30 | 18 30 | 19 » | 19 60 | 19 60 | 20 10 | 21 80 |
| Epinal | 482 | 18 90 | 18 90 | 19 60 | 20 20 | 20 20 | 20 70 | 22 40 |
| Blainville-la-Grande | 431 | 16 75 | 16 75 | 17 45 | 18 05 | 18 05 | 18 55 | 20 25 |
| Lunéville | 441 | 17 15 | 17 15 | 17 85 | 18 45 | 18 45 | 18 95 | 20 65 |
| Marainvillers | 449 | 17 50 | 17 50 | 18 20 | 18 80 | 18 80 | 19 30 | 21 » |
| Emberménil | 457 | 17 75 | 17 75 | 18 45 | 19 05 | 19 05 | 19 55 | 21 25 |
| Avricourt | 466 | 18 05 | 18 05 | 18 75 | 19 35 | 19 35 | 19 85 | 21 55 |

| DES STATIONS CI-CONTRE AUX STATIONS CI-APRÈS. | DISTANCES DE LOURCHES. | QUÉVY, ERQUELINES. | LOURCHES, SOMAIN. | RAISMES, DOUAI, VALENCIENNES PONT-DE-LA-DEULE, LE FOREST. | QUIÉVRAIN. | CARVIN, HÉNIN-LIÉTARD, LENS. | BULLY-GRENAY, NŒUX, BÉTHUNE, CHOCQUES, LILLERS. | SAINT-VALERY, BOULOGNE, CALAIS, DUNKERQUE. |
|---|---|---|---|---|---|---|---|---|
| Réchicourt-le-Château... | 469 | 18 30 | 18 30 | 19 » | 19 60 | 19 60 | 20 10 | 21 80 |
| Hemins.................. | 470 | 18 60 | 18 60 | 19 30 | 19 90 | 19 90 | 20 40 | 22 10 |
| Sarrebourg............. | 487 | 18 90 | 18 90 | 19 60 | 20 20 | 20 20 | 20 70 | 22 40 |
| Lutzelbourg-Phalsbourg.. | 504 | 19 70 | 19 70 | 20 40 | 21 » | 21 » | 21 50 | 23 20 |
| Saverne................ | 514 | 20 » | 20 » | 20 70 | 21 30 | 21 30 | 21 80 | 23 50 |
| Steinbourg............. | 518 | 20 25 | 20 25 | 20 95 | 21 55 | 21 55 | 22 05 | 23 75 |
| Dettwiller............. | 522 | 20 40 | 20 40 | 21 10 | 21 70 | 21 70 | 22 20 | 23 90 |
| Hochfelden............. | 530 | 20 65 | 20 65 | 21 35 | 21 95 | 21 95 | 22 45 | 24 15 |
| Brumath................ | 541 | 21 05 | 21 05 | 21 75 | 22 35 | 22 35 | 22 85 | 24 55 |
| Strasbourg............. | 558 | 21 70 | 21 70 | 22 40 | 23 » | 23 » | 23 50 | 25 20 |
| Erstein................ | 577 | 22 60 | 22 60 | 23 30 | 23 90 | 23 90 | 24 40 | 26 10 |
| Benfeld................ | 584 | 22 75 | 22 75 | 23 45 | 24 05 | 24 05 | 24 55 | 26 25 |
| Ebersheim.............. | 594 | 23 30 | 23 30 | 24 » | 24 60 | 24 60 | 25 10 | 26 80 |
| Schlestadt............. | 600 | 23 45 | 23 45 | 24 15 | 24 75 | 24 75 | 25 25 | 26 95 |
| Saint-Hippolyte......... | 606 | 23 65 | 23 65 | 24 35 | 24 95 | 24 95 | 25 45 | 27 15 |
| Ribeauville............ | 610 | 23 65 | 23 65 | 24 35 | 24 95 | 24 95 | 25 45 | 27 15 |
| Bennwihr-Mittelwihr.... | 616 | 24 15 | 24 15 | 24 85 | 25 45 | 25 45 | 25 95 | 27 65 |
| Colmar................. | 623 | 24 30 | 24 30 | 25 » | 25 60 | 25 60 | 26 10 | 27 80 |
| Herrlisheim............ | 625 | 24 20 | 24 20 | 24 90 | 25 50 | 25 50 | 26 » | 27 70 |
| Rouffach............... | 619 | 24 20 | 24 20 | 24 90 | 25 50 | 25 50 | 26 » | 27 70 |
| Bollwiller............. | 607 | 23 80 | 23 80 | 24 50 | 25 10 | 25 10 | 25 60 | 27 30 |
| Lutterbach............. | 595 | 23 40 | 23 40 | 24 10 | 24 70 | 24 70 | 25 20 | 26 90 |
| Cernay................. | 605 | 23 80 | 23 80 | 24 50 | 25 10 | 25 10 | 25 60 | 27 30 |
| Thann.................. | 610 | 24 » | 24 » | 24 70 | 25 30 | 25 30 | 25 80 | 27 50 |
| Wesserling............. | 623 | 24 55 | 24 55 | 25 25 | 25 85 | 25 85 | 26 35 | 28 05 |
| Dornach................ | 593 | 23 35 | 23 35 | 24 05 | 24 65 | 24 65 | 25 15 | 26 85 |
| Sierentz............... | 608 | 23 85 | 23 85 | 24 55 | 25 15 | 25 15 | 25 65 | 27 35 |
| Bartenheim............. | 611 | 23 95 | 23 95 | 24 65 | 25 25 | 25 25 | 25 75 | 27 45 |
| Saint-Louis............ | 619 | 24 35 | 24 35 | 25 05 | 25 65 | 25 65 | 26 15 | 27 85 |
| Bâle................... | 624 | 24 50 | 24 50 | 25 20 | 25 80 | 25 80 | 26 30 | 28 » |

## Stations du chemin de fer du NORD desservies par Laon, Reims et Soissons.

| DES STATIONS CI-CONTRE AUX STATIONS CI-APRÈS. | DISTANCES DE LOURCHES. | QUÉVY, ERQUELINES, LOURCHES, SOMAIN. | RAISMES, VALENCIENNES. | QUIÉVRAIN. |
|---|---|---|---|---|
| Berzy.................. | 235 | 8 25 | 8 95 | 9 55 |
| Longpont............... | 244 | 8 60 | 9 30 | 9 90 |
| Villers-Cotterets....... | 256 | 9 » | 9 70 | 10 30 |
| Vaumoise............... | 266 | 9 35 | 10 05 | 10 65 |
| Crépy-en-Valois......... | 275 | 9 60 | 10 30 | 10 90 |

**NOTA.**— La houille et le coke expédiés aux conditions du présent Tarif, *de* ou *pour* une station non dénommée ci-dessus, comprise entre deux stations dénommées, *jouiront* du bénéfice de ce Tarif, en payant le prix fixé pour la distance entière, depuis la dernière station dénommée située avant le lieu de départ, jusqu'à la première station dénommée située après le lieu de destination, si la taxe ainsi calculée est plus avantageuse pour les expéditeurs que celle des Tarifs généraux ou spéciaux des diverses Compagnies.

**Nota.** — Les distances portées au tableau ci-dessus sont celles de la station de **Lourches**. Pour obtenir les autres distances, il suffit d'ajouter à celles de Lourches les chiffres suivants :

| | | | | | | | |
|---|---|---|---|---|---|---|---|
| Pour Quévy............ | 10 | kilomètres. | Pour Le Forest......... | 29 | kilomètres. | Pour Béthune.......... | 66 kilomètres. |
| — Somain.............. | 7 | — | — Quiévrain........... | 41 | — | — Chocques........... | 72 — |
| — Erquelines.......... | 16 | — | — Carvin.............. | 36 | — | Lillers.............. | 79 — |
| — Raismes............. | 22 | — | — Hénin-Liétard....... | 38 | — | — Saint-Valery....... | 130 — |
| — Douai............... | 22 | — | — Lens................ | 47 | — | — Boulogne........... | 189 — |
| — Valenciennes........ | 28 | — | — Bully-Grenay........ | 55 | — | — Calais............. | 159 — |
| — Pont-de-la-Deûle.... | 25 | — | — Nœux................ | 61 | — | — Dunkerque.......... | 157 — |

## CONDITIONS.

Les transports doivent être faits en wagons de 10,000 kilogr., avec une tolérance de 100 kilogr. Si le chargement dépasse 10,100 kilogrammes, le poids qui excédera la charge normale de 10,000 kilogr. sera taxé au Tarif intérieur de chaque Compagnie.

Le droit de 10 centimes pour enregistrement n'est perçu que par la Compagnie expéditrice.

Le chargement et le déchargement seront faits par les soins et aux frais des expéditeurs et des destinataires. — Dans le cas où une de ces deux opérations serait faite par l'une des deux Compagnies, il lui serait payé un droit de 30 centimes par 1,000 kilogr., et ce droit ne pourrait être réclamé d'ailleurs qu'à l'expédition primitive ou à la destination définitive.

Les wagons devront être complétement déchargés dans les 24 heures qui suivront la mise à la poste de la lettre d'avis adressée par la Compagnie au destinataire ; passé ce délai, la Compagnie pourra, à son choix, ou faire le déchargement, et percevoir pour cette opération 30 centimes par tonne, sans préjudice des droits de magasinage pour les marchandises déchargées, à compter de l'expiration des 24 heures ci-dessus fixées, ou laisser la marchandise sur les wagons, en percevant un droit de stationnement de 5 francs par wagon et par jour de retard.

Le Tarif spécial est fait à la condition formelle que le délai ordinaire pour l'expédition et le transport des marchandises pourra être dépassé de 15 jours, sans que, pour ce surcroît de délai, les Compagnies soient soumises à aucune indemnité.

Les conditions des Tarifs généraux ou spéciaux des Compagnies de l'Est et du Nord, non contraires aux dispositions particulières qui précèdent, sont applicables au present Tarif commun spécial.

**Avis important.** — *Les prix du présent Tarif commun spécial ne seront appliqués qu'autant que l'expéditeur en aura fait la demande expresse, sur sa déclaration. A défaut de cette demande préalable, l'expédition sera taxée de droit aux prix et conditions des Tarifs généraux de chaque Compagnie.*

CHEMINS DE FER DE L'EST ET DU NORD.

# TARIF COMMUN SPÉCIAL P. V. N° 9

POUR LE TRANSPORT

## DES PERCHES DESTINÉES AUX HOUILLÈRES

*Par wagon chargé d'au moins 5,000 kilogrammes, ou en payant pour ce poids s'il y a avantage pour l'Expéditeur.*

### PRIX DE TRANSPORT.

**Les perches destinées aux houillères,** expédiées des diverses stations du chemin de fer de l'Est pour les points de provenance de la houille sur le chemin de fer du Nord, seront transportées aux mêmes prix que la houille en destination de ces gares, (Voir Tarif P. V. n° 8, p. 47 à 54.)

**Nota.** — *Les expéditions faites d'une station non dénommée audit Tarif, comprise entre deux stations dénommées, jouiront du bénéfice de ce Tarif, en payant pour la distance entière, depuis la dernière station dénommée, située avant le lieu de départ, si la taxe ainsi calculée est plus avantageuse pour les expéditeurs que celle des Tarifs généraux ou spéciaux des deux Compagnies.*

### CONDITIONS.

Les Compagnies se réservent le droit de dépasser de 15 jours les délais réglementaires pour le transport des marchandises à petite vitesse, sans que, pour ce surcroît de délai, elles soient soumises à aucune indemnité.

Les prix du présent Tarif commun spécial ne sont applicables qu'aux perches dont la longueur n'excède pas 4 mètres 50 centimètres, à la condition qu'elles seront chargées dans les wagons spécialement affectés aux transports de la houille.

La Compagnie expéditrice seule perçoit un droit d'enregistrement de 10 centimes par expédition.

Le chargement et le déchargement doivent être faits par les expéditeurs et les destinataires.

Les wagons doivent être déchargés au plus tard 12 heures après leur arrivée. A l'expiration de ce délai, il sera perçu 25 centimes par heure de retard et par wagon.

Les expéditeurs auront toujours le choix entre les prix et conditions du présent Tarif commun spécial, et les prix et conditions des Tarifs généraux ou spéciaux de chaque Compagnie.

L'application du présent Tarif commun spécial reste soumise aux conditions des Tarifs particuliers aux deux Compagnies, en tout ce qui n'est pas contraire aux dispositions qui précèdent.

**Avis important.** — *Les prix du présent Tarif commun spécial ne seront appliqués qu'autant que l'expéditeur en aura fait la demande expresse sur sa déclaration ; à défaut de cette demande préalable, l'expédition sera taxée de droit aux prix et conditions des Tarifs généraux ou spéciaux de chaque Compagnie.*

CHEMINS DE FER DE L'EST ET DU NORD.

TRANSPORTS A PETITE VITESSE.

# TARIF COMMUN SPÉCIAL P. V. N° 10.

DÉSIGNATION DES MARCHANDISES :

**Pierres de taille brutes et légèrement ébauchées. — Pierres à macadam, Pavés,**

Par wagon chargé d'au moins 5,000 kilogrammes, ou en payant pour ce poids s'il y a avantage pour l'expéditeur.

PRIX DE TRANSPORT :

De la gare de **Paris** (La Chapelle) à la gare de **Reims,** et *vice versâ*, 158 kilomètres : 5 fr. 95 c. par 1,000 kil. y compris les frais de gare tant au départ et à l'arrivée qu'au point de jonction.

NOTA. — Pour les parcours intermédiaires compris entre Paris (La Chapelle) et Reims, la taxe ne pourra dans aucun cas être supérieure à celle du présent Tarif.

CONDITIONS.

La Compagnie expéditrice seule perçoit 10 centimes pour l'enregistrement.

Les Compagnies se réservent le droit de dépasser de 20 jours les délais réglementaires pour le transport des marchandises à petite vitesse, sans que, pour ce surcroît de délai, elles soient soumises à aucune indemnité.

Les Compagnies ne répondent pas des déchets et avaries de route.

Le chargement et le déchargement doivent être faits par les soins et aux frais des expéditeurs et des destinataires.

Les expéditeurs auront toujours le choix entre les prix et conditions du présent Tarif commun spécial et les prix et conditions des Tarifs généraux ou spéciaux de chaque Compagnie.

L'application du présent Tarif commun spécial reste d'ailleurs soumise aux conditions des Tarifs généraux de chaque Compagnie, en tout ce qui n'est pas contraire aux dispositions qui précèdent.

**AVIS IMPORTANT.** — *Les prix du présent Tarif commun spécial ne seront appliqués qu'autant que l'expéditeur en aura fait la demande expresse sur sa déclaration; à défaut de cette demande préalable, l'expédition sera taxée de droit aux prix et conditions des Tarifs généraux de chaque Compagnie.*

## CHEMINS DE FER DE L'EST ET DU NORD.

TRANSPORTS A PETITE VITESSE.

# TARIF COMMUN SPÉCIAL P. V. N° 11

## POUR LE TRANSPORT DES PIERRES DE TAILLE BRUTES

### OU LÉGÈREMENT ÉBAUCHÉES,

par wagon chargé d'au moins 5,000 kilogrammes, ou en payant pour ce poids, s'il y a avantage pour l'expéditeur.

### PRIX DE TRANSPORT

*par 1,000 kilogrammes, de gare en gare, y compris les frais de gare, tant au départ et à l'arrivée qu'au point de jonction.*

| DES STATIONS ci-contre AUX STATIONS ci-après. | SAINT-DIZIER. (viâ Épernay). | | EURVILLE. (viâ Épernay). | | CHEVILLON. (viâ Épernay). | | LÉROUVILLE. (viâ Épernay). | | COMMERCY. (viâ Épernay). | | MAIZIÈRES. | | COURCELLES. (viâ Épernay). | |
|---|---|---|---|---|---|---|---|---|---|---|---|---|---|---|
| | DIST. | PRIX. | DIST. | PRIX. | DIST. | PRIX. | DIST. | PRIX. | DIST. | PRIX. | DIST. | PRIX. | DIST. | PRIX. |
| AMIENS | 362 | 11 50 | 373 | 11 80 | 382 | 12 10 | 417 | 13 15 | 422 | 13 25 | 474 | 15 05 | 530 | 15 85 |
| BOULOGNE | 485 | 15 20 | 496 | 15 50 | 505 | 15 80 | 540 | 16 85 | 545 | 16 95 | 507 | 15 75 | 653 | 19 55 |
| ARRAS | 341 | 10 85 | 352 | 11 15 | 361 | 11 45 | 396 | 12 50 | 401 | 12 60 | 453 | 14 40 | 509 | 15 20 |
| DOUAI | 318 | 10 15 | 329 | 10 45 | 338 | 10 75 | 373 | 11 80 | 378 | 11 90 | 430 | 13 70 | 486 | 14 50 |
| VALENCIENNES | 323 | 10 30 | 334 | 10 60 | 343 | 10 90 | 378 | 11 95 | 383 | 12 05 | 435 | 13 85 | 491 | 14 65 |
| LILLE | 351 | 11 15 | 362 | 11 45 | 371 | 11 75 | 406 | 12 80 | 411 | 12 80 | 463 | 14 70 | 510 | 15 50 |
| ARMENTIÈRES | 366 | 11 65 | 377 | 11 95 | 386 | 12 25 | 421 | 13 30 | 426 | 13 40 | 478 | 15 20 | 534 | 16 » |
| HAZEBROUCK | 392 | 12 40 | 403 | 12 70 | 412 | 13 » | 447 | 14 05 | 452 | 14 15 | 504 | 15 95 | 560 | 16 75 |
| DUNKERQUE | 433 | 13 60 | 444 | 13 90 | 453 | 14 20 | 488 | 15 25 | 493 | 15 35 | 545 | 17 15 | 601 | 17 95 |
| SAINT-OMER | 413 | 13 » | 424 | 13 30 | 433 | 13 60 | 468 | 14 65 | 473 | 14 75 | 525 | 16 55 | 581 | 17 35 |
| CALAIS | 454 | 14 25 | 465 | 14 55 | 474 | 14 85 | 509 | 15 90 | 514 | 16 » | 566 | 17 80 | 622 | 18 60 |

**Nota.** — *Les expéditions* de *ou* pour *une station non dénommée ci-dessus, comprise entre deux stations dénommées, jouiront des prix de ce Tarif en payant pour la distance entière, depuis la dernière station dénommée située avant le lieu de départ, jusqu'à la première station dénommée située après le lieu de destination, si la taxe, ainsi calculée, est plus avantageuse pour les expéditeurs que celle des Tarifs généraux ou spéciaux de chaque Compagnie.*

### CONDITIONS.

Les Compagnies se réservent le droit de dépasser de huit jours les délais réglementaires pour l'expédition et le transport des marchandises à petite vitesse, sans que, pour ce surcroît de délai, elles soient soumises à aucune indemnité.

La Compagnie expéditrice seule perçoit un droit d'enregistrement de 10 centimes par expédition.

Les Compagnies ne répondent pas des déchets et avaries de route.

Le chargement et le déchargement doivent être faits par les soins et aux frais des expéditeurs et des destinataires.

Les expéditeurs ont toujours le choix entre les prix et conditions du présent Tarif commun spécial, et les prix et conditions des Tarifs généraux ou spéciaux de chaque Compagnie.

L'application du présent Tarif commun spécial reste d'ailleurs soumise aux conditions des Tarifs généraux de chaque Compagnie en tout ce qui n'est pas contraire aux dispositions qui précèdent.

**Avis important.** — *Les prix du présent Tarif spécial ne seront appliqués qu'autant que l'expéditeur en aura fait la demande expresse sur sa déclaration. A défaut de cette demande préalable, l'expédition sera taxée de droit aux prix et conditions des Tarifs généraux de chaque Compagnie.*

CHEMINS DE FER DE L'EST ET DU NORD.

TRANSPORTS A PETITE VITESSE.

# TARIF COMMUN SPÉCIAL P. V. N° 12.

DÉSIGNATION DES MARCHANDISES :

**Boues. — Briques. — Cendres. — Déchets de boucherie. — Déchets de tannerie. — Engrais de mer. — Engrais non dénommés. — Fumier. — Guano. — Minerai de fer. — Plâtre. — Poudrette ou matières liquides. — Poudrette solide. — Pyrites. — Tuiles et Tuyaux de drainage,**

Par wagon chargé d'au moins 5,000 kilog., ou en payant pour ce poids, s'il y a avantage pour l'expéditeur.

## PRIX DE TRANSPORT :

**1° Boues. — Briques. — Cendres. — Déchets de boucherie. — Déchets de tannerie. — Engrais de mer. — Engrais non dénommés. — Fumier. — Guano. — Minerai de fer. — Plâtre. — Poudrette solide. — Pyrites. — Tuiles et Tuyaux de drainage,**

De la gare de **Paris** (La Chapelle) à la gare de **Reims,** 158 kilomètres, 5 fr. 15 c. par 1,000 kil., y compris les frais de gare, tant au départ et à l'arrivée, qu'au point de jonction.

**2° Poudrette ou matières liquides renfermées dans des wagons-citernes fournis par les expéditeurs et contenant de 5 à 10 tonnes,**

De la gare de **Paris** (La Chapelle) en gare à **Reims,** 158 kilomètres, 4 fr. 35 c. par 1,000 kil., y compris les frais de gare, tant au départ et à l'arrivée, qu'au point de jonction.

Nota. — Pour les parcours intermédiaires compris entre Paris (La Chapelle) et Reims, la taxe ne pourra dans aucun cas être supérieure à celle du présent Tarif.

## CONDITIONS.

Les Compagnies se réservent de dépasser de huit jours les délais réglementaires pour les expéditions à petite vitesse, sans que, pour ce surcroît de délai, elles soient soumises à aucune indemnité.

Les poudrettes ou matières liquides ne seront reçues par la Compagnie que dans des wagons-citernes roulant sur les rails et fournis par les expéditeurs.

La taxe sera appliquée sur le poids reconnu, déduction faite de la tare du wagon.

Les Compagnies se réservent le droit d'utiliser les wagons-citernes au retour.

Les Compagnies ne répondent pas des déchets et avaries de route.

La Compagnie expéditrice seule perçoit un droit d'enregistrement de 10 centimes par expédition.

Le chargement et le déchargement doivent être faits par les soins et aux frais des expéditeurs et des destinataires.

Les expéditeurs ont toujours le choix entre les prix et conditions du présent Tarif commun spécial, et les prix et conditions des Tarifs généraux ou spéciaux de chaque Compagnie.

L'application du présent Tarif commun spécial reste d'ailleurs soumise aux conditions des Tarifs généraux des deux Compagnies, en tout ce qui n'est pas contraire aux dispositions qui précèdent.

**AVIS IMPORTANT.** — *Les prix du présent Tarif commun spécial ne seront appliqués qu'autant que l'expéditeur en aura fait la demande expresse sur sa déclaration; à défaut de cette demande préalable, l'expédition sera taxée de droit aux prix et conditions des Tarifs généraux de chaque Compagnie.*

## CHEMINS DE FER DE L'EST ET DU NORD.

### TRANSPORTS A PETITE VITESSE.

# TARIF COMMUN SPÉCIAL P. V. N° 13.

DÉSIGNATION DES MARCHANDISES :

**Alun en fûts. — Bois de teinture en bûches ou moulus. — Carbonate de potasse en fûts. — Carbonate de soude en fûts. — Chlorure de chaux en fûts. — Cristaux de soude. — Écorces à tan en bottes et en sacs. — Frises en chêne ou en sapin. — Ocre en fûts. — Planches en lames ou frises pour parquets dont la longueur n'excède pas 6m 50. — Potasse. — Sel de potasse en fûts. — Sel de soude en fûts. — Soude en fûts. — Sulfate d'alumine en fûts. — Sulfate de potasse en fûts. — Sulfate d'ammoniaque en fûts. — Sulfate de fer en fûts. — Sulfate de soude en fûts et Tan,**

Par wagon chargé d'au moins 5,000 kilog., ou en payant pour ce poids, s'il y a avantage pour l'expéditeur.

### PRIX DE TRANSPORT

De la gare de **Paris** (La Chapelle) en gare à **Reims,** et *vice versâ*, 158 kilomètres, 11 fr. par 1,000 kilog., y compris les frais de chargement, de déchargement et de gare, tant au départ et à l'arrivée, qu'au point de jonction.

Pour les Écorces à tan, en bottes ou en sacs, le minimum de poids à charger est réduit à 4,000 kilog.

Nota. — Pour les parcours intermédiaires, compris entre Paris (La Chapelle) et Reims, la taxe ne pourra, dans aucun cas, être supérieure à celle du présent Tarif commun spécial.

### CONDITIONS.

Les Compagnies se réservent le droit de dépasser de vingt jours les délais réglementaires pour le transport des marchandises à petite vitesse, sans que, pour ce surcroît de délai, elles soient soumises à aucune indemnité.

Les Compagnies ne répondent pas des déchets et avaries de route.

La Compagnie expéditrice seule perçoit un droit d'enregistrement de 10 centimes par expédition.

Les expéditeurs auront toujours le choix entre les prix et conditions du présent Tarif commun spécial et les prix et conditions des Tarifs généraux ou spéciaux de chaque Compagnie.

L'application du présent Tarif commun spécial reste d'ailleurs soumise aux conditions des Tarifs généraux des deux Compagnies, en tout ce qui n'est pas contraire aux dispositions qui précèdent.

**AVIS IMPORTANT.** — *Les prix du présent Tarif commun spécial ne seront appliqués qu'autant que l'expéditeur en aura fait la demande expresse sur sa déclaration; à défaut de cette demande préalable, l'expédition sera taxée de droit aux prix et conditions des Tarifs généraux de chaque Compagnie.*

CHEMINS DE FER DE L'EST ET DU NORD.

TRANSPORT A PETITE VITESSE.

# TARIF COMMUN SPÉCIAL P. V. N° 14.

DÉSIGNATION DES MARCHANDISES :

**Première Série.**

Bouclerie fine emballée.

Casserie en caisses ou en cages, Clous de zinc en paniers ou en tonneaux.

Fontes d'ornement en vrac et qui, par leur dimensions, ne peuvent pas être mises en Caisses, telles que :

Colonnes ornées, Croix, Candélabres, Pièces de fontaines monumentales et Pompes montées.

Lits en fer et en fonte non décorés.

Modèles en bois ou en plâtre.

Ouvrages en fer battu.

Quincaillerie (grosse) en caisses ou en tonneaux, par expédition d'au moins 300 kilogrammes.

Serrures.

Taillanderie en caisses.

**Deuxième Série.**

Acier brut, Agrès de marine, Alquifoux, Ancres de marine, Axes coudés ou droits.

Bandages de roues, Blanc de zinc, Bouclerie (grosse) emballée, Boulons, Bronze en lingots.

Câbles en fer, Cercles en fer, Chaînes en fer, Chevillettes, Clous en sacs et en tonneaux, Coins en fer, Cornières en fer, Crics, Cuivre brut en barres, en lingots et en planches, Cuivre de doublage.

Enclumes, Essieux montés ou non montés, Etain non ouvré, Etaux.

Fer-blanc en caisses ou en cages, Fer circulaire servant à la fabrication du fil de fer, Ferronnerie en caisses, en cages ou en paniers, Fers ébauchés au marteau, Fers en barres et en feuilles, Fils de cuivre, de fer, de laiton et de zinc, Fontes moulées et d'ornement, en caisses, cages ou paniers, Fontes moulées et d'ornement dont la désignation suit, expédiées en vrac :

Appareils chimiques, Balanciers de pompes, Barreaux de grilles, Boîtes à graisse, Boîtes de roues, Bornes, Bornes-fontaines, Bouches de four, Boules, Boulets, Caniveaux, Chaudières (grandes) non montées, Cloches de calorifères, Colonnes pleines sans ornements, Contre-poids, Corps de pompes, Coupes ordinaires pour jardins de 5 kilogrammes pièce et au-dessus, Foyers mobiles, Gargouilles pour trottoirs, Mortiers, Moyeux, Pièces de machines (telles que : Bâtes, Poulies, Volants et Roues d'engrenage de plus de 0m50 de diamètre), Pièces de ponts, Plaques de foyers, Poids d'horloges et à peser, de deux kilogrammes et au-dessus, Pots ronds pour produits chimiques, Tuyères de forges, Vases ordinaires pour jardins de 5 kilog. pièce et au-dessus.

Laiton en barres, en feuilles et en saumons, Lames de scies (grosses), Leviers.

Plomb brut, laminé et en tuyaux, Pièces de charrues, Pointes en tonneaux ou en caisses, Poêlerie en bances.

Régules d'antimoine, Ressorts de voitures et de wagons, Rivets, Roues de wagons en fer et en fonte.

Tôles, Tubes en cuivre, en fer et en fonte, Tuyaux en cuivre, en fonte, en plomb, en tôle et en zinc.

Vis à bois en tonneaux.

Zinc en feuilles, en plaques et en saumons.

**Troisième Série.**

Fers bruts, puddlés ou en massiaux, Ferraille, Fer riblon, Fontes brutes en gueuses, massiaux, sapots ou saumons, Fonte vieille hors de service.

Minerais de cuivre, d'étain et de plomb, Mitraille de fer et de fonte.

Pièces brisées en retour.

De la gare de **Paris** (La Chapelle) à la gare de **Reims**, *et vice versâ* (158 kilomètres) :

| | | |
|---|---|---|
| 1re Série.......................... | 13 fr. 65 c. | Par 1,000 kil. y compris les frais de chargement, de déchargement et de gare tant au départ et à l'arrivée qu'aux points de jonction. |
| 2e Série.......................... | 10 50 | |
| 3e Série.......................... | 7 30 | |

**NOTA.** — Pour les parcours intermédiaires compris entre **Paris** (La Chapelle) et **Reims**, la taxe ne pourra, dans aucun cas, être supérieure à celle du présent Tarif.

## CONDITIONS.

Les Compagnies se réservent le droit de dépasser de huit jours les délais réglementaires pour le transport des marchandises à petite vitesse, sans que, pour ce surcroît de délai, elles soient soumises à aucune indemnité.

La Compagnie expéditrice seule perçoit un droit d'enregistrement de 10 centimes par expédition.

Le transport des fontes moulées et d'ornement non spécialement dénommées dans la 2e série du présent Tarif devra toujours être effectué dans des cages ou caisses construites par les soins et aux frais des expéditeurs, de manière à pouvoir être chargées sur plates-formes, faute de quoi ces fontes seront taxées d'après les prix et conditions des Tarifs généraux des deux Compagnies.

La taxe des expéditions faites en cages sera appliquée sur le poids brut réduit de 10 p. 100 pour la tare, à l'exception des expéditions faites en 2e série qui seront taxées au poids brut.

La taxe des expéditions faites en caisses ou en tonneaux sera appliquée sur le poids brut réduit de 5 p. 100 pour la tare, à l'exception des expéditions faites en 2e série qui seront taxées au poids brut.

Les Cadres, Cages et les Caisses vides ayant servi sur le Chemin de fer au transport des marchandises désignées dans le présent Tarif et remis démontés, de manière à ne tenir que peu de place sur les wagons, ne seront soumis au retour jusqu'à leur station de départ, qu'à la perception des droits d'enregistrement et de timbre, soit : 0 fr. 60, si ces emballages sont accompagnés d'une lettre de voiture ou d'une facture de transport au timbre de 0 fr. 50 c.; soit : 0 fr. 30 c. si ces emballages font seulement l'objet d'un récépissé au timbre de 0 fr. 20 c.

Les bâches accompagnant les cages devront être enroulées de façon à ne former qu'un seul colis avec la cage.

Ce transport n'aura lieu qu'autant que l'expéditeur pourra justifier par un bulletin, au moment de l'expédition des emballages vides, que le transport de la marchandise qu'ils ont renfermée a bien été effectué par les Compagnies. Les bulletins sont fournis aux expéditeurs par la station de départ de la marchandise. Tout bulletin de retour, ayant plus de deux mois de date, cessera d'être valable, et sera considéré comme nul.

Les expéditeurs et les destinataires devront se conformer aux prescriptions des Compagnies à l'égard des bulletins de retour.

Les Compagnies ne répondent pas des déchets et avaries de route.

Pour les fontes brutes en saumons, massiaux ou sapots, les Compagnies ne seront responsables de la différence qui pourrait exister entre le poids constaté au départ et le poids constaté à l'arrivée, qu'autant que cette différence excéderait de 1 p. 100 le poids constaté au départ, la tare de 1 p. 100 représentant le sable ou matières analogues dont les fontes brutes en saumons, massiaux ou sapots sont fréquemment recouvertes; ces marchandises devront d'ailleurs porter, pour éviter toute confusion, la marque apparente de l'expéditeur.

Les prix de transport fixés ci-dessus ne sont applicables qu'aux masses indivisibles pesant moins de 5,000 kilogrammes et aux objets dont la longueur n'excède pas 6 mètres 50.

Les Compagnies acceptent toutefois les objets en fer et en fonte dont la longueur excède 6 mètres 50 sans dépasser 22 mètres. — Dans ce cas, les taxes perçues par les Compagnies sont les suivantes :

1o Pour les objets qui exigent l'emploi de deux wagons, c'est-à-dire pour les objets dont la longueur excède 6 mètres 50 et ne dépasse pas 13 mètres :

Simple perception des prix fixés dans le Tarif ci-dessus, mais à la condition que l'expéditeur complétera le chargement de chaque wagon avec d'autres produits, de façon que la taxe soit calculée sur au moins 5,000 kilogrammes par wagon.

2o Pour les objets dont la longueur excède 13 mètres et ne dépasse pas 22 mètres :

Le prix de la 1re série du Tarif général pour les transports à petite vitesse.

Les masses indivisibles, pesant 5,000 kilogr. et au-dessus, sont taxées d'après les prix et conditions fixés dans l'article 12 du Tarif général pour les transports à petite vitesse.

Lorsque les Compagnies seront chargées par les expéditeurs et les destinataires d'effectuer le chargement et le déchargement des objets en fer et en fonte dépassant 6 mètres 50 de longueur, il sera traité de gré à gré pour ces opérations.

Les expéditeurs ont toujours le choix entre les prix et conditions du présent Tarif commun spécial, et les prix et conditions des Tarifs généraux ou spéciaux de chaque Compagnie.

L'application du présent Tarif commun spécial reste d'ailleurs soumise aux conditions des Tarifs généraux des deux Compagnies, en tout ce qui n'est pas contraire aux dispositions qui précèdent.

**AVIS IMPORTANT.** — *Les prix du présent Tarif commun spécial ne seront appliqués qu'autant que l'expéditeur en aura fait la demande expresse sur sa déclaration; à défaut de cette demande préalable, l'expédition sera taxée, de droit, aux prix et conditions des Tarifs généraux de chaque Compagnie.*

# CHEMINS DE FER DE L'EST ET DU NORD.

## TRANSPORTS A PETITE VITESSE.

# TARIF COMMUN SPÉCIAL P. V. N° 15.

### DÉSIGNATION DES MARCHANDISES.

#### Première Série.

Bouclerie emballée.
Casserie en caisses ou en cages, Clous de zinc en paniers ou en tonneaux.
Fontes d'ornement en vrac et qui, par leurs dimensions, ne peuvent pas être mises en caisses, telles que :
Colonnes ornées, Croix, Candélabres, Pièces de fontaines monumentales et Pompes montées.
Lits en fers et en fonte non décorés.
Modèles en bois ou en plâtre.
Ouvrages en fer battu.
Quincaillerie (grosse) en caisses ou en tonneaux, par expédition d'au moins 300 kilog. ou en payant pour ce poids.
Serrures.
Taillanderie en caisses, Tôles.

#### Deuxième Série.

Accessoires de la voie, Acier brut, Agrès de marine, Alquifoux, Ancres de marine, Axes coudés ou droits.
Bandages de roues, Blanc de zinc, Boulons, Bronze en lingots.
Câbles en fer, Cercles en fer, Chaînes en fer, Chevillettes en barils, Clous en tonneaux et en sacs, Coins en fer, Cornières en fer, Coussinets pour rails, Crics, Cuivre brut en barres, en lingots et en planches, Cuivre de doublage.
Eclisses pour rails, Enclumes, Essieux montés ou non montés, Etain non ouvré, Etaux.
Fer blanc en caisses ou en cages, Fer circulaire servant à la fabrication du fil de fer, Ferronnerie en caisses, en cages ou en paniers, Fers ébauchés au marteau, Fers en barres et en feuilles, Fers bruts, puddlés ou en massiaux, Ferrailles, Fer riblon, Fils de cuivre, de fer, de laiton et de zinc, Fontes brutes en gueuses, massiaux, sapots ou saumons, Fontes moulées et d'ornement, en caisses, cages ou paniers, Fontes moulées et d'ornement dont la désignation suit, expédiées en vrac :
Appareils chimiques, Balanciers de pompes, Barreaux de grilles, Boites de roues, Boites à graisse, Bornes et Bornes-fontaines, Bouches de four, Boules, Boulets, Caniveaux, Chaudières (grandes) non montées, Cloches de calorifères, Colonnes pleines sans ornements, Contre-poids, Corps de pompes, Foyers mobiles, Gargouilles pour trottoirs, Mortiers, Moyeux, Pièces de ponts, Pots ronds pour produits chimiques, Pièces de machines (telles que : Volants, Poulies, Bates et Roues d'engrenage de plus de 0m50 de diamètre), Plaques de foyers, Poids d'horloges et à peser, de deux kilogrammes et au-dessus, Tuyères de forges, Vases et Coupes ordinaires pour jardins, de 5 kilog. pièce et au-dessus.
Fonte vieille hors de service.
Laiton en saumons, en barres et en feuilles, Lames de scies (grosses), Leviers.
Minerais de cuivre, d'étain, de fer et de plomb, Mitraille de fer et de fonte.
Plomb brut, laminé et en tuyaux, Pièces de charrues, Pointes en tonneaux ou en caisses, Poêlerie en bances.
Rails, Régule d'antimoine, Ressorts de voitures et de wagons, Rivets, Roues de wagons en fer et en fonte, Tôles en cadres ou en caisses, Tôles en vrac par wagon chargé d'au moins 5,000 kilog. ou en payant pour ce poids, Tubes en cuivre, en fer et en fonte, Tuyaux en cuivre, en fonte, en plomb, en tôle et en zinc.
Vis à bois en tonneaux.
Zinc en feuilles, en plaques et en saumons.

#### Troisième Série.

Accessoires de la voie, par wagon chargé d'au moins 5,000 kilog. ou en payant pour ce poids.
Chevillettes en barils, par wagon chargé d'au moins 5,000 kilog. ou en payant pour ce poids.
Coussinets pour rails, par wagon chargé d'au moins 5,000 kilog. ou en payant pour ce poids.
Eclisses pour rails, par wagon chargé d'au moins 5,000 kilog. ou en payant pour ce poids.
Minerais de cuivre, d'étain et de plomb, par wagon chargé d'au moins 5,000 kilog. ou en payant pour ce poids.
Projectiles.
Rails, par wagon chargé d'au moins 5,000 kilog. ou en payant pour ce poids.

#### Quatrième Série.

Fers bruts, puddlés ou en massiaux, par wagon chargé d'au moins 5,000 kilog. ou en payant pour ce poids, Ferraille, par wagon chargé d'au moins 5,000 kilog. ou en payant pour ce poids, Fer riblon, par wagon chargé d'au moins 5,000 kilog. ou en payant pour ce poids, Fontes brutes en gueuses, massiaux, sapots ou saumons, par wagon chargé d'au moins 5,000 kilog. ou en payant pour ce poids, Fonte vieille hors de service, par wagon chargé d'au moins 5,000 kilog. ou en payant pour ce poids.
Minerai de fer, par wagon chargé d'au moins 5,000 kilog. ou payant pour ce poids, Mitraille de fer et de fonte, par wagon chargé d'au moins 5,000 kilog. ou en payant pour ce poids.
Pièces brisées en retour.

PRIX PAR 1,000 KILOGR., DE GARE EN GARE,
*y compris les frais de chargement, de déchargement et de gare, tant au départ et à l'arrivée qu'au point de jonction.*

| STATIONS de départ *et vice versâ.* | STATIONS d'arrivée *et vice versâ.* | 1re SÉRIE. | | 2e SÉRIE. | | 3e SÉRIE. | | 4e SÉRIE. | |
|---|---|---|---|---|---|---|---|---|---|
| **Chauny.** | Vendeuvre........ | 29 | 20 | 19 | 55 | 16 | 35 | 12 | 15 |
| **Compiègne.** | Vendeuvre........ | 25 | 50 | 17 | 85 | 14 | 85 | 11 | 40 |
| | Bar-sur-Aube...... | 27 | 25 | 18 | 95 | 15 | 75 | 12 | 05 |
| | Clairvaux......... | 28 | 30 | 19 | 60 | 16 | 25 | 12 | 45 |
| **Creil.** | Bologne........... | 27 | 95 | 17 | 85 | 15 | 85 | 12 | 55 |
| | Colmar............ | 48 | 85 | 27 | 10 | 26 | 30 | 20 | 40 |
| | Bollwiller........ | 46 | 85 | 26 | 10 | 25 | 30 | 19 | 65 |
| | Thann............. | 47 | 05 | 26 | 20 | 25 | 40 | 19 | 70 |
| | Wesserling........ | 48 | 05 | 26 | 70 | 25 | 90 | 20 | 10 |
| | Mulhouse.......... | 45 | 55 | 25 | 45 | 24 | 65 | 19 | 15 |
| | Bâle.............. | 48 | 20 | 26 | 75 | 25 | 95 | 20 | 05 |
| | Vendeuvre......... | 22 | 20 | 15 | 75 | 12 | 95 | 10 | 40 |
| | Bar-sur-Aube...... | 23 | 95 | 16 | 85 | 13 | 85 | 11 | 05 |
| | Clairvaux......... | 25 | » | 17 | 50 | 14 | 35 | 11 | 45 |
| | Gray.............. | 34 | 50 | 19 | 95 | 19 | 15 | 15 | » |
| | Belfort........... | 41 | 70 | 23 | 55 | 22 | 75 | 17 | 70 |
| **Senlis.** | Bologne........... | 28 | 25 | 18 | 05 | 16 | 05 | 12 | 85 |
| | Colmar............ | 49 | 15 | 27 | 30 | 26 | 50 | 20 | 70 |
| | Bollwiller........ | 47 | 15 | 26 | 30 | 25 | 50 | 19 | 95 |
| | Thann............. | 47 | 35 | 26 | 40 | 25 | 60 | 20 | » |
| | Wesserling........ | 48 | 35 | 26 | 90 | 26 | 10 | 20 | 40 |
| | Mulhouse.......... | 45 | 85 | 25 | 65 | 24 | 85 | 19 | 45 |
| | Bâle.............. | 48 | 50 | 26 | 95 | 26 | 15 | 20 | 35 |
| | Vendeuvre......... | 22 | 50 | 15 | 95 | 13 | 15 | 10 | 70 |
| | Bar-sur-Aube...... | 24 | 25 | 17 | 05 | 14 | 05 | 11 | 35 |
| | Clairvaux......... | 25 | 30 | 17 | 70 | 14 | 55 | 11 | 75 |
| | Gray.............. | 34 | 80 | 20 | 15 | 19 | 35 | 15 | 30 |
| | Belfort........... | 42 | » | 23 | 75 | 22 | 95 | 18 | » |
| **Beauvais.** | Bologne........... | 31 | 65 | 20 | 15 | 17 | 75 | 14 | 55 |
| | Colmar............ | 52 | 55 | 29 | 40 | 28 | 20 | 22 | 40 |
| | Bollwiller........ | 50 | 55 | 28 | 40 | 27 | 20 | 21 | 65 |
| | Thann............. | 50 | 75 | 28 | 50 | 27 | 30 | 21 | 70 |
| | Wesserling........ | 51 | 75 | 29 | » | 27 | 80 | 22 | 10 |
| | Mulhouse.......... | 49 | 25 | 27 | 75 | 26 | 55 | 21 | 15 |
| | Bâle.............. | 51 | 90 | 29 | 05 | 27 | 85 | 22 | 05 |
| | Vendeuvre......... | 25 | 90 | 18 | 05 | 14 | 85 | 12 | 40 |
| | Bar-sur-Aube...... | 27 | 65 | 19 | 15 | 15 | 75 | 13 | 05 |
| | Clairvaux......... | 28 | 70 | 19 | 80 | 16 | 25 | 13 | 45 |
| | Gray.............. | 38 | 20 | 22 | 25 | 21 | 05 | 17 | » |
| | Belfort........... | 45 | 40 | 25 | 85 | 24 | 65 | 19 | 70 |
| **Noyon.** | Vendeuvre......... | 27 | 90 | 18 | 95 | 15 | 75 | 12 | 40 |
| **Clermont, Breteuil.** | Bologne........... | 31 | 05 | 19 | 95 | 16 | 30 | 13 | » |
| | Colmar............ | 51 | 95 | 29 | 20 | 26 | 75 | 20 | 85 |
| | Bollwiller........ | 49 | 95 | 28 | 20 | 25 | 75 | 20 | 10 |
| | Thann............. | 50 | 15 | 28 | 30 | 25 | 85 | 20 | 15 |
| | Wesserling........ | 51 | 15 | 28 | 80 | 26 | 35 | 20 | 55 |
| | Mulhouse.......... | 48 | 65 | 27 | 55 | 25 | 10 | 19 | 60 |
| | Bâle.............. | 51 | 30 | 28 | 85 | 26 | 40 | 20 | 50 |
| | Vendeuvre......... | 25 | 30 | 17 | 85 | 13 | 40 | 10 | 85 |
| | Bar-sur-Aube...... | 27 | 05 | 18 | 95 | 14 | 30 | 11 | 50 |
| | Clairvaux......... | 28 | 10 | 19 | 60 | 14 | 80 | 11 | 90 |
| | Gray.............. | 37 | 60 | 22 | 05 | 19 | 60 | 15 | 45 |
| | Belfort........... | 44 | 80 | 25 | 65 | 23 | 20 | 18 | 15 |
| **Amiens.** | Bologne........... | 32 | 60 | 20 | 35 | 17 | » | 13 | 35 |
| | Colmar............ | 53 | 10 | 29 | 60 | 27 | 45 | 21 | 20 |
| | Bollwiller........ | 51 | 50 | 28 | 60 | 26 | 45 | 20 | 45 |
| | Thann............. | 51 | 70 | 28 | 70 | 26 | 55 | 20 | 50 |
| | Wesserling........ | 52 | 70 | 29 | 20 | 27 | 05 | 20 | 90 |
| | Mulhouse.......... | 50 | 20 | 27 | 95 | 25 | 80 | 19 | 95 |
| | Bâle.............. | 52 | 85 | 29 | 25 | 27 | 10 | 20 | 85 |
| | Vendeuvre......... | 26 | 85 | 18 | 25 | 14 | 10 | 11 | 20 |
| | Bar-sur-Aube...... | 28 | 60 | 19 | 35 | 15 | » | 11 | 85 |
| | Clairvaux......... | 29 | 65 | 20 | » | 15 | 50 | 12 | 25 |
| | Gray.............. | 39 | 15 | 22 | 45 | 20 | 30 | 15 | 80 |
| | Belfort........... | 46 | 35 | 26 | 05 | 23 | 90 | 18 | 50 |
| **Abbeville, St-Valery.** | Bologne........... | 36 | 40 | 22 | 60 | 19 | 40 | 16 | 50 |
| | Colmar............ | 57 | 30 | 31 | 85 | 29 | 85 | 24 | 35 |
| | Bollwiller........ | 55 | 30 | 30 | 85 | 28 | 85 | 23 | 60 |
| | Thann............. | 55 | 50 | 30 | 95 | 28 | 95 | 23 | 65 |
| | Wesserling........ | 56 | 50 | 31 | 45 | 29 | 45 | 24 | 05 |
| | Mulhouse.......... | 54 | » | 30 | 20 | 28 | 20 | 23 | 10 |
| | Bâle.............. | 56 | 65 | 31 | 50 | 29 | 50 | 24 | » |
| | Vendeuvre......... | 30 | 65 | 20 | 50 | 16 | 50 | 14 | 35 |
| | Bar-sur-Aube...... | 32 | 40 | 21 | 60 | 17 | 40 | 15 | » |
| | Clairvaux......... | 33 | 45 | 22 | 25 | 17 | 90 | 15 | 40 |
| | Gray.............. | 42 | 95 | 21 | 70 | 22 | 70 | 18 | 95 |
| | Belfort........... | 50 | 15 | 28 | 30 | 26 | 30 | 21 | 65 |
| **Douai.** | Vendeuvre......... | 38 | 40 | 22 | 30 | 19 | 35 | 15 | 65 |
| **Arras.** | Vendeuvre......... | 33 | 30 | 21 | 55 | 17 | 70 | 13 | 90 |
| | Bar-sur-Aube...... | 35 | 05 | 22 | 65 | 18 | 60 | 14 | 55 |
| | Clairvaux......... | 36 | 10 | 23 | 30 | 19 | 10 | 14 | 95 |
| **Albert.** | Bologne........... | 36 | 25 | 22 | 05 | 19 | 30 | 15 | 05 |
| | Colmar............ | 57 | 15 | 31 | 30 | 29 | 75 | 22 | 90 |
| | Bollwiller........ | 55 | 15 | 30 | 30 | 28 | 75 | 22 | 15 |
| | Thann............. | 55 | 35 | 30 | 40 | 28 | 85 | 22 | 20 |
| | Wesserling........ | 56 | 35 | 30 | 90 | 29 | 35 | 22 | 60 |
| | Mulhouse.......... | 53 | 85 | 29 | 65 | 28 | 10 | 21 | 65 |
| | Bâle.............. | 56 | 50 | 30 | 95 | 29 | 40 | 22 | 55 |
| | Vendeuvre......... | 30 | 50 | 19 | 95 | 16 | 40 | 12 | 90 |
| | Bar-sur-Aube...... | 32 | 25 | 21 | 05 | 17 | 30 | 13 | 55 |
| | Clairvaux......... | 33 | 30 | 21 | 70 | 17 | 80 | 13 | 95 |
| | Gray.............. | 42 | 80 | 24 | 15 | 22 | 60 | 17 | 50 |
| | Belfort........... | 50 | » | 27 | 75 | 26 | 20 | 20 | 20 |
| **Lille, Mouscron,** | Vendeuvre......... | 40 | 70 | 24 | 25 | 19 | 35 | 16 | 40 |
| **Armentières.** | Vendeuvre......... | 41 | 90 | 24 | 40 | 19 | 35 | 16 | 40 |
| **Béthune.** | Vendeuvre......... | 39 | 30 | 24 | 25 | 19 | 35 | 15 | 85 |
| | Bar-sur-Aube...... | 41 | 05 | 25 | 35 | 20 | 25 | 16 | 50 |
| **Hazebrouck, Dunkerque, Saint-Omer, Calais.** | Vendeuvre......... | 42 | » | 24 | 25 | 19 | 35 | 16 | 40 |
| | Bar-sur-Aube...... | 43 | 75 | 25 | 35 | 20 | 25 | 17 | 05 |
| **Boulogne.** | Bologne........... | 42 | 30 | 24 | 90 | 20 | 70 | 16 | 70 |
| | Colmar............ | 63 | 20 | 34 | 15 | 31 | 15 | 24 | 55 |
| | Bollwiller........ | 61 | 20 | 33 | 15 | 30 | 15 | 23 | 80 |
| | Thann............. | 61 | 40 | 33 | 25 | 30 | 25 | 23 | 85 |
| | Wesserling........ | 62 | 40 | 33 | 75 | 30 | 75 | 24 | 25 |
| | Mulhouse.......... | 59 | 90 | 32 | 50 | 29 | 50 | 23 | 30 |
| | Bâle.............. | 62 | 55 | 33 | 80 | 30 | 80 | 24 | 20 |
| | Vendeuvre......... | 36 | 55 | 22 | 80 | 17 | 80 | 14 | 55 |
| | Bar-sur-Aube...... | 38 | 30 | 23 | 90 | 18 | 70 | 15 | 20 |
| | Clairvaux......... | 39 | 35 | 24 | 55 | 19 | 20 | 15 | 60 |
| | Gray.............. | 48 | 85 | 27 | » | 24 | » | 19 | 15 |
| | Belfort........... | 56 | 05 | 30 | 60 | 27 | 60 | 21 | 85 |

PRIX PAR 1,000 KILOG., DE GARE EN GARE,
*y compris les frais de chargement, de déchargement et de gare, tant au départ et à l'arrivée qu'au point de jonction.*

| DES STATIONS CI-CONTRE AUX STATIONS *ci-après, et vice versâ.* | LA FÈRE, TERGNIER. | | | | CHAUNY. | | | | COMPIÈGNE. | | | |
|---|---|---|---|---|---|---|---|---|---|---|---|---|
| | 1re SÉRIE. | 2e SÉRIE. | 3e SÉRIE. | 4e SÉRIE. | 1re SÉRIE. | 2e SÉRIE. | 3e SÉRIE. | 4e SÉRIE. | 1re SÉRIE. | 2e SÉRIE. | 3e SÉRIE. | 4e SÉRIE. |
| Reims | 8 85 | 7 40 | 5 50 | 4 70 | 9 45 | 7 90 | 5 60 | 4 80 | 13 05 | 10 60 | 7 95 | 7 15 |
| Rethel | 12 10 | 9 70 | 6 95 | 5 75 | 12 70 | 10 20 | 7 05 | 5 85 | 16 30 | 12 90 | 9 40 | 8 20 |
| Boulzicourt | 15 70 | 11 20 | 8 55 | 6 95 | 16 30 | 11 70 | 8 65 | 7 05 | 19 90 | 14 40 | 11 » | 9 40 |
| Mohon | 16 10 | 11 20 | 8 80 | 7 15 | 16 70 | 11 70 | 8 90 | 7 25 | 20 30 | 14 40 | 11 25 | 9 60 |
| Mézières-Charleville | 16 10 | 11 20 | 8 90 | 7 25 | 16 70 | 11 70 | 9 » | 7 35 | 20 30 | 14 40 | 11 35 | 9 70 |
| Nouzon | 16 10 | 11 20 | 9 20 | 7 45 | 16 70 | 11 70 | 9 30 | 7 55 | 20 30 | 14 40 | 11 65 | 9 90 |
| Braux | 16 35 | 11 35 | 9 50 | 7 70 | 16 95 | 11 85 | 9 60 | 7 80 | 20 55 | 14 55 | 11 95 | 10 15 |
| Monthermé | 16 50 | 11 45 | 9 60 | 7 75 | 17 10 | 11 95 | 9 70 | 7 85 | 20 70 | 14 65 | 12 05 | 10 20 |
| Deville | 16 80 | 11 65 | 9 75 | 7 85 | 17 40 | 12 15 | 9 85 | 7 95 | 21 » | 14 85 | 12 20 | 10 30 |
| Revin | 17 80 | 12 25 | 10 25 | 8 25 | 18 40 | 12 75 | 10 35 | 8 35 | 22 » | 15 45 | 12 70 | 10 70 |
| Fumay | 18 35 | 12 60 | 10 50 | 8 45 | 18 95 | 13 10 | 10 60 | 8 55 | 22 55 | 15 80 | 12 95 | 10 90 |
| Vireux | 19 40 | 13 25 | 11 05 | 8 85 | 20 » | 13 75 | 11 15 | 8 95 | 23 60 | 16 45 | 13 50 | 11 30 |
| Givet | 20 20 | 13 75 | 11 45 | 9 15 | 20 80 | 14 25 | 11 55 | 9 25 | 24 40 | 16 95 | 13 90 | 11 60 |
| Nouvion-sur-Meuse | 16 10 | 11 20 | 9 10 | 7 40 | 16 70 | 11 70 | 9 20 | 7 50 | 20 30 | 14 40 | 11 55 | 9 85 |
| Donchéry | 16 10 | 11 20 | 9 35 | 7 55 | 16 70 | 11 70 | 9 45 | 7 65 | 20 30 | 14 40 | 11 80 | 10 » |
| Sedan | 16 35 | 11 35 | 9 50 | 7 70 | 16 95 | 11 85 | 9 60 | 7 80 | 20 55 | 14 55 | 11 95 | 10 15 |
| Bazeilles | 16 90 | 11 70 | 9 80 | 7 90 | 17 50 | 12 20 | 9 90 | 8 » | 21 10 | 14 90 | 12 25 | 10 35 |
| Douzy | 17 15 | 11 85 | 9 90 | 8 » | 17 75 | 12 35 | 10 » | 8 10 | 21 35 | 15 05 | 12 35 | 10 45 |
| Pourru-Brévilly | 17 45 | 12 05 | 10 10 | 8 10 | 18 05 | 12 55 | 10 20 | 8 20 | 21 65 | 15 25 | 12 55 | 10 55 |
| Carignan | 18 20 | 12 50 | 10 45 | 8 40 | 18 80 | 13 » | 10 55 | 8 50 | 22 40 | 15 70 | 12 90 | 10 85 |
| Margut | 18 80 | 12 90 | 10 75 | 8 60 | 19 40 | 13 40 | 10 85 | 8 70 | 23 » | 16 10 | 13 20 | 11 05 |
| Lamouilly | 19 30 | 13 20 | 11 » | 8 80 | 19 90 | 13 70 | 11 10 | 8 90 | 23 50 | 16 40 | 13 45 | 11 25 |
| Chauvency | 19 85 | 13 55 | 11 30 | 9 » | 20 45 | 14 05 | 11 40 | 9 10 | 24 05 | 16 75 | 13 75 | 11 45 |
| Montmédy | 20 25 | 13 80 | 11 50 | 9 15 | 20 85 | 14 30 | 11 60 | 9 25 | 24 45 | 17 » | 13 95 | 11 60 |
| Vezin | 21 20 | 14 40 | 11 95 | 9 50 | 21 80 | 14 90 | 12 05 | 9 60 | 25 40 | 17 60 | 14 40 | 11 95 |
| Longuyon | 21 95 | 14 85 | 12 30 | 9 80 | 22 55 | 15 35 | 12 40 | 9 90 | 26 15 | 18 05 | 14 75 | 12 25 |
| Cons-la-Granville | 22 80 | 15 40 | 12 75 | 10 10 | 23 40 | 15 90 | 12 85 | 10 20 | 27 » | 18 60 | 15 20 | 12 55 |
| Longwy | 23 20 | 15 65 | 12 95 | 10 25 | 23 80 | 16 15 | 13 05 | 10 35 | 27 40 | 18 85 | 15 40 | 12 70 |
| Pierrepont | 22 65 | 15 30 | 12 70 | 10 05 | 23 25 | 15 80 | 12 80 | 10 15 | 26 85 | 18 50 | 15 15 | 12 50 |
| Joppécourt | 23 40 | 15 70 | 13 05 | 10 35 | 24 » | 16 20 | 13 15 | 10 45 | 27 60 | 18 90 | 15 50 | 12 80 |
| Audun-le-Roman | 23 95 | 15 70 | 13 30 | 10 55 | 24 55 | 16 20 | 13 40 | 10 65 | 28 15 | 18 90 | 15 75 | 13 » |
| Fontoy | 24 60 | 15 70 | 13 65 | 10 80 | 25 20 | 16 20 | 13 75 | 10 90 | 28 80 | 18 90 | 16 10 | 13 25 |
| Hayange | 25 20 | 15 70 | 13 95 | 11 » | 25 80 | 16 20 | 14 05 | 11 10 | 29 40 | 18 90 | 16 40 | 13 45 |
| Thionville | 25 85 | 15 70 | 14 30 | 11 25 | 26 45 | 16 20 | 14 40 | 11 35 | 30 05 | 18 90 | 16 75 | 13 70 |
| Châlons-sur-Marne | 13 65 | 10 05 | 7 65 | 6 30 | 14 25 | 10 55 | 7 75 | 6 40 | 17 85 | 13 25 | 10 10 | 8 75 |
| Saint-Dizier | 17 55 | 12 10 | 10 10 | 8 15 | 18 15 | 12 60 | 10 20 | 8 25 | 21 75 | 15 30 | 12 55 | 10 60 |
| Eurville | 18 40 | 12 65 | 10 55 | 8 45 | 19 » | 13 15 | 10 65 | 8 55 | 22 60 | 15 85 | 13 » | 10 90 |
| Chevillon | 19 05 | 13 05 | 10 90 | 8 70 | 19 65 | 13 55 | 11 » | 8 80 | 23 25 | 16 25 | 13 35 | 11 15 |
| Joinville | 19 95 | 13 60 | 11 30 | 9 05 | 20 55 | 14 10 | 11 40 | 9 15 | 24 15 | 16 80 | 13 75 | 11 50 |

| DES STATIONS ci-contre AUX STATIONS ci-après, *et vice versâ.* | LA FÈRE, TERGNIER. | | | | CHAUNY. | | | | COMPIÈGNE. | | | |
|---|---|---|---|---|---|---|---|---|---|---|---|---|
| | 1re SÉRIE. | 2e SÉRIE. | 3e SÉRIE. | 4e SÉRIE. | 1re SÉRIE. | 2e SÉRIE. | 3e SÉRIE. | 4e SÉRIE. | 1re SÉRIE. | 2e SÉRIE. | 3e SÉRIE. | 4e SÉRIE. |
| Donjeux | 20 65 | 14 05 | 11 70 | 9 50 | 21 25 | 14 55 | 11 80 | 9 40 | 24 85 | 17 25 | 14 15 | 11 75 |
| Vignory | 21 60 | 14 65 | 12 15 | 9 65 | 22 20 | 15 15 | 12 25 | 9 75 | 25 80 | 17 85 | 14 60 | 12 10 |
| Bologne | 22 25 | 15 05 | 12 50 | 9 90 | 22 85 | 15 55 | 12 60 | 10 » | 26 45 | 18 25 | 14 95 | 12 35 |
| Sermaize | 17 50 | 11 95 | 10 » | 8 05 | 17 90 | 12 45 | 10 10 | 8 15 | 21 50 | 13 15 | 12 45 | 10 50 |
| Révigny | 17 85 | 12 30 | 10 30 | 8 25 | 18 45 | 12 80 | 10 40 | 8 35 | 22 05 | 13 50 | 12 75 | 10 70 |
| Mussey | 18 40 | 12 65 | 10 55 | 8 45 | 19 » | 13 15 | 10 65 | 8 55 | 22 60 | 13 85 | 13 » | 10 90 |
| Bar-le-Duc | 19 05 | 13 05 | 10 90 | 8 70 | 19 65 | 13 55 | 11 » | 8 80 | 23 25 | 16 25 | 13 35 | 11 15 |
| Nançois-le-Petit | 20 » | 13 65 | 11 35 | 9 05 | 20 60 | 14 15 | 11 45 | 9 15 | 24 20 | 16 85 | 13 80 | 11 50 |
| Commercy | 22 35 | 13 10 | 12 50 | 9 95 | 22 95 | 13 60 | 12 60 | 10 05 | 26 55 | 18 30 | 14 95 | 12 40 |
| Vaucouleurs-Pagny | 23 45 | 15 70 | 13 10 | 10 35 | 24 05 | 16 20 | 13 20 | 10 45 | 27 65 | 18 90 | 15 55 | 12 80 |
| Toul | 24 35 | 15 70 | 13 50 | 10 70 | 24 95 | 16 20 | 13 60 | 10 80 | 28 55 | 18 90 | 15 95 | 13 15 |
| Liverdun | 25 80 | 15 70 | 14 25 | 11 25 | 26 40 | 16 20 | 14 35 | 11 35 | 30 » | 18 90 | 16 70 | 13 70 |
| Frouard | 26 35 | 15 70 | 14 50 | 11 45 | 26 95 | 16 20 | 14 60 | 11 55 | 30 55 | 18 90 | 16 95 | 13 90 |
| Pont-à-Mousson | 27 80 | 15 70 | 15 25 | 12 » | 28 40 | 16 20 | 15 35 | 12 10 | 32 » | 18 90 | 17 70 | 14 45 |
| Novéant | 29 » | 16 15 | 15 85 | 12 45 | 29 60 | 16 65 | 15 95 | 12 55 | 33 20 | 19 35 | 18 30 | 14 90 |
| Ars-sur-Moselle | 28 50 | 15 90 | 15 60 | 12 25 | 29 10 | 16 40 | 15 70 | 12 35 | 32 70 | 19 10 | 18 05 | 14 70 |
| Metz | 28 35 | 15 80 | 15 50 | 12 20 | 28 95 | 16 30 | 15 60 | 12 30 | 32 55 | 19 » | 17 95 | 14 65 |
| Hagondange | 26 60 | 15 70 | 14 65 | 11 55 | 27 20 | 16 20 | 14 75 | 11 65 | 30 80 | 18 90 | 17 10 | 14 » |
| Ebange | 25 85 | 15 70 | 14 30 | 11 25 | 26 45 | 16 20 | 14 40 | 11 35 | 30 05 | 18 90 | 16 75 | 13 70 |
| Frontière (Guill.-Lux.) | 27 15 | 15 70 | 14 90 | 11 75 | 27 75 | 16 20 | 15 » | 11 85 | 31 35 | 18 90 | 17 35 | 14 20 |
| Hombourg | 32 65 | 18 » | 17 70 | 13 80 | 33 25 | 18 50 | 17 80 | 13 90 | 36 85 | 21 20 | 20 15 | 16 25 |
| Styring-Wendel | 33 85 | 18 60 | 18 30 | 14 25 | 34 45 | 19 10 | 18 40 | 14 35 | 38 05 | 21 80 | 20 75 | 16 70 |
| Nancy | 27 05 | 15 70 | 14 90 | 11 70 | 27 65 | 16 20 | 15 » | 11 80 | 31 25 | 18 90 | 17 35 | 14 15 |
| Xertigny | 34 40 | 18 85 | 18 55 | 14 45 | 35 » | 19 35 | 18 65 | 14 55 | 38 60 | 22 05 | 21 » | 16 90 |
| Bains | 34 75 | 19 » | 18 70 | 14 60 | 35 35 | 19 50 | 18 80 | 14 70 | 38 95 | 22 20 | 21 15 | 17 05 |
| Sarrebourg | 33 30 | 18 30 | 18 » | 14 05 | 33 90 | 18 80 | 18 10 | 14 15 | 37 50 | 21 50 | 20 45 | 16 50 |
| Saverne | 35 45 | 19 40 | 19 10 | 14 85 | 36 05 | 19 90 | 19 20 | 14 95 | 39 65 | 22 60 | 21 55 | 17 30 |
| Haguenau | 39 95 | 21 60 | 21 30 | 16 55 | 40 55 | 22 10 | 21 40 | 16 65 | 44 15 | 24 80 | 23 75 | 19 » |
| Wissembourg | 42 60 | 22 95 | 22 65 | 17 55 | 43 20 | 23 45 | 22 75 | 17 65 | 46 80 | 26 15 | 25 10 | 20 » |
| Strasbourg | 39 » | 21 15 | 20 85 | 16 20 | 39 60 | 21 65 | 20 95 | 16 30 | 43 20 | 24 35 | 23 30 | 18 65 |
| Schlestadt | 42 35 | 22 80 | 22 50 | 17 45 | 42 95 | 23 30 | 22 60 | 17 55 | 46 55 | 26 » | 24 95 | 19 90 |
| Colmar | 44 20 | 23 75 | 23 45 | 18 15 | 44 80 | 24 25 | 23 55 | 18 25 | 48 40 | 26 95 | 25 90 | 20 60 |
| Bollwiller | 42 90 | 23 10 | 22 80 | 17 65 | 43 50 | 23 60 | 22 90 | 17 75 | 47 10 | 26 30 | 25 25 | 20 10 |
| Thann | 43 15 | 23 20 | 22 90 | 17 75 | 43 75 | 23 70 | 23 » | 17 85 | 47 35 | 26 40 | 25 35 | 20 20 |
| Wesserling | 44 20 | 23 75 | 23 45 | 18 15 | 44 80 | 24 25 | 23 55 | 18 25 | 48 40 | 26 95 | 25 90 | 20 60 |
| Mulhouse | 41 60 | 22 45 | 22 15 | 17 15 | 42 20 | 22 95 | 22 25 | 17 25 | 45 80 | 25 65 | 24 60 | 19 60 |
| Bâle | 44 25 | 23 80 | 23 50 | 18 15 | 44 85 | 24 30 | 23 60 | 18 25 | 48 45 | 27 » | 25 95 | 20 60 |
| Vendeuvre | 27 95 | 15 70 | 15 30 | 12 05 | » » | » » | » » | » » | » » | » » | » » | » » |
| Bar-sur-Aube | 26 25 | 15 70 | 14 50 | 11 40 | 26 85 | 16 20 | 14 60 | 11 50 | » » | » » | » » | » » |
| Clairvaux | 25 20 | 15 70 | 13 95 | 11 » | 25 80 | 16 20 | 14 05 | 11 10 | » » | » » | » » | » » |
| Gray | 30 60 | 16 95 | 16 65 | 13 05 | 31 20 | 17 45 | 16 75 | 13 15 | 34 80 | 20 15 | 19 10 | 15 50 |
| Belfort | 37 80 | 20 55 | 20 25 | 15 75 | 38 40 | 21 05 | 20 35 | 15 85 | 42 » | 23 75 | 22 70 | 18 20 |

Pour les stations sans indication de prix, les transports ont lieu par Paris (voir page 68).

| DES STATIONS ci-contre AUX STATIONS ci-après, *et vice versâ.* | CREIL. | | | | SENLIS. | | | | BEAUVAIS. | | | |
|---|---|---|---|---|---|---|---|---|---|---|---|---|
| | 1re SÉRIE. | 2e SÉRIE. | 3e SÉRIE. | 4e SÉRIE. | 1re SÉRIE. | 2e SÉRIE. | 3e SÉRIE. | 4e SÉRIE. | 1re SÉRIE. | 2e SÉRIE. | 3e SÉRIE. | 4e SÉRIE. |
| Reims | 16 25 | 12 20 | 9 20 | 7 35 | 17 65 | 12 90 | 9 80 | 8 » | 19 95 | 14 10 | 10 70 | 8 85 |
| Rethel | 19 50 | 14 50 | 10 65 | 8 40 | 20 90 | 15 20 | 11 25 | 9 05 | 23 20 | 16 40 | 12 15 | 9 90 |
| Boulzicourt | 23 10 | 16 » | 12 25 | 9 60 | 24 50 | 16 70 | 12 85 | 10 25 | 26 80 | 17 90 | 13 75 | 11 10 |
| Mohon | 23 50 | 16 » | 12 50 | 9 80 | 24 90 | 16 70 | 13 10 | 10 45 | 27 20 | 17 90 | 14 » | 11 30 |
| Mézières-Charleville | 23 50 | 16 » | 12 60 | 9 90 | 24 90 | 16 70 | 13 20 | 10 55 | 27 20 | 17 90 | 14 10 | 11 40 |
| Nouzon | 23 50 | 16 » | 12 90 | 10 10 | 24 90 | 16 70 | 13 50 | 10 75 | 27 20 | 17 90 | 14 40 | 11 60 |
| Braux | 23 75 | 16 15 | 13 20 | 10 35 | 25 15 | 16 85 | 13 80 | 11 » | 27 45 | 18 05 | 14 70 | 11 85 |
| Monthermé | 23 90 | 16 25 | 13 30 | 10 40 | 25 30 | 16 95 | 13 90 | 11 05 | 27 60 | 18 15 | 14 80 | 11 90 |
| Deville | 24 20 | 16 45 | 13 45 | 10 50 | 25 60 | 17 15 | 14 05 | 11 15 | 27 90 | 18 35 | 14 95 | 12 » |
| Revin | 25 20 | 17 05 | 13 95 | 10 90 | 26 60 | 17 75 | 14 55 | 11 55 | 28 90 | 18 95 | 15 45 | 12 40 |
| Fumay | 25 75 | 17 40 | 14 20 | 11 10 | 27 15 | 18 10 | 14 80 | 11 75 | 29 45 | 19 30 | 15 70 | 12 60 |
| Vireux | 26 80 | 18 05 | 14 75 | 11 50 | 28 20 | 18 75 | 15 35 | 12 15 | 30 50 | 19 95 | 16 25 | 13 » |
| Givet | 27 60 | 18 55 | 15 15 | 11 80 | 29 » | 19 25 | 15 75 | 12 45 | 31 30 | 20 45 | 16 65 | 13 30 |
| Nouvion-sur-Meuse | 23 50 | 16 » | 12 80 | 10 05 | 24 90 | 16 70 | 13 40 | 10 70 | 27 20 | 17 90 | 14 30 | 11 55 |
| Donchéry | 23 50 | 16 » | 13 05 | 10 20 | 24 90 | 16 70 | 13 65 | 10 85 | 27 20 | 17 90 | 14 55 | 11 70 |
| Sedan | 23 75 | 16 15 | 13 20 | 10 35 | 25 15 | 16 85 | 13 80 | 11 » | 27 45 | 18 05 | 14 70 | 11 85 |
| Bazeilles | 24 70 | 16 50 | 13 50 | 10 55 | 25 70 | 17 20 | 14 10 | 11 20 | 28 » | 18 40 | 15 » | 12 05 |
| Douzy | 24 55 | 16 65 | 13 60 | 10 65 | 25 95 | 17 35 | 14 20 | 11 30 | 28 25 | 18 55 | 15 10 | 12 15 |
| Pourru-Brévilly | 24 85 | 16 85 | 13 80 | 10 75 | 26 25 | 17 55 | 14 40 | 11 40 | 28 55 | 18 75 | 15 30 | 12 25 |
| Carignan | 25 60 | 17 30 | 14 15 | 11 05 | 27 » | 18 » | 14 75 | 11 70 | 29 30 | 19 20 | 15 65 | 12 55 |
| Margut | 26 20 | 17 70 | 14 45 | 11 25 | 27 60 | 18 40 | 15 05 | 11 90 | 29 90 | 19 60 | 15 95 | 12 75 |
| Lamouilly | 26 70 | 18 » | 14 70 | 11 45 | 28 10 | 18 70 | 15 30 | 12 10 | 30 40 | 19 90 | 16 20 | 12 95 |
| Chauvency | 27 25 | 18 35 | 15 » | 11 65 | 28 65 | 19 05 | 15 60 | 12 30 | 30 95 | 20 25 | 16 50 | 13 15 |
| Montmédy | 27 65 | 18 60 | 15 20 | 11 80 | 29 05 | 19 30 | 15 80 | 12 45 | 31 35 | 20 50 | 16 70 | 13 30 |
| Vezin | 28 60 | 19 20 | 15 65 | 12 15 | 30 » | 19 90 | 16 25 | 12 80 | 32 30 | 21 10 | 17 15 | 13 65 |
| Longuyon | 29 35 | 19 65 | 16 » | 12 45 | 30 75 | 20 35 | 16 60 | 13 10 | 33 05 | 21 55 | 17 50 | 13 95 |
| Cons-la-Granville | 30 20 | 20 20 | 16 45 | 12 75 | 31 60 | 20 90 | 17 05 | 13 40 | 33 90 | 22 10 | 17 95 | 14 25 |
| Longwy | 30 60 | 20 45 | 16 65 | 12 90 | 32 » | 21 15 | 17 25 | 13 55 | 34 30 | 22 35 | 18 15 | 14 40 |
| Pierrepont | 30 05 | 20 10 | 16 40 | 12 70 | 31 45 | 20 80 | 17 » | 13 35 | 33 75 | 22 » | 17 90 | 14 20 |
| Joppécourt | 30 80 | 20 50 | 16 75 | 13 » | 32 20 | 21 20 | 17 35 | 13 65 | 34 50 | 22 40 | 18 25 | 14 50 |
| Audun-le-Roman | 31 35 | 20 50 | 17 » | 13 20 | 32 75 | 21 20 | 17 60 | 13 85 | 35 05 | 22 40 | 18 50 | 14 70 |
| Fontoy | 32 » | 20 50 | 17 35 | 13 45 | 33 40 | 21 20 | 17 95 | 14 10 | 35 70 | 22 40 | 18 85 | 14 95 |
| Hayange | 32 60 | 20 50 | 17 65 | 13 65 | 34 » | 21 20 | 18 25 | 14 30 | 36 30 | 22 40 | 19 15 | 15 15 |
| Thionville | 33 25 | 20 50 | 18 » | 13 90 | 34 65 | 21 20 | 18 60 | 14 55 | 36 95 | 22 40 | 19 50 | 15 40 |
| Châlons-sur-Marne | 21 05 | 14 85 | 11 35 | 8 95 | 22 45 | 15 55 | 11 95 | 9 60 | 24 75 | 16 75 | 12 85 | 10 45 |
| Saint-Dizier | 24 95 | 16 90 | 13 80 | 10 80 | 26 35 | 17 60 | 14 40 | 11 45 | 28 65 | 18 80 | 15 30 | 12 30 |
| Eurville | 25 80 | 17 45 | 14 25 | 11 10 | 27 20 | 18 15 | 14 85 | 11 75 | 29 50 | 19 35 | 15 75 | 12 60 |
| Chevillon | 26 45 | 17 85 | 14 60 | 11 35 | 27 85 | 18 55 | 15 20 | 12 » | 30 15 | 19 75 | 16 10 | 12 85 |
| Joinville | 27 35 | 18 40 | 15 » | 11 70 | 28 75 | 19 10 | 15 60 | 12 35 | 31 05 | 20 30 | 16 50 | 13 20 |

| DES STATIONS ci contre AUX STATIONS ci-après, *et vice versâ.* | CREIL. | | | | SENLIS. | | | | BEAUVAIS. | | | |
|---|---|---|---|---|---|---|---|---|---|---|---|---|
| | 1re SÉRIE. | 2e SÉRIE. | 3e SÉRIE. | 4e SÉRIE. | 1re SÉRIE. | 2e SÉRIE. | 3e SÉRIE. | 4e SÉRIE. | 1re SÉRIE. | 2e SÉRIE. | 3e SÉRIE. | 4e SÉRIE. |
| Donjeux | 28 05 | 18 85 | 15 40 | 11 95 | 29 45 | 19 55 | 16 » | 12 60 | 31 75 | 20 75 | 16 90 | 13 45 |
| Vignory | 29 » | 19 45 | 15 85 | 12 30 | 30 40 | 20 15 | 16 45 | 12 95 | 32 70 | 21 35 | 17 35 | 13 80 |
| Bologne | » » | » » | » » | » » | » » | » » | » » | » » | » » | » » | » » | » » |
| Sermaize | 24 70 | 16 75 | 13 70 | 10 70 | 26 10 | 17 45 | 14 30 | 11 35 | 28 40 | 18 65 | 15 20 | 12 20 |
| Révigny | 25 25 | 17 10 | 14 » | 10 90 | 26 65 | 17 80 | 14 60 | 11 55 | 28 95 | 19 » | 15 50 | 12 40 |
| Mussey | 25 80 | 17 45 | 14 25 | 11 10 | 27 20 | 18 15 | 14 85 | 11 75 | 29 50 | 19 35 | 15 75 | 12 60 |
| Bar-le-Duc | 26 45 | 17 85 | 14 60 | 11 35 | 27 85 | 18 85 | 15 20 | 12 » | 30 15 | 19 75 | 16 10 | 12 85 |
| Nançois-le-Petit | 27 40 | 18 45 | 15 05 | 11 70 | 28 80 | 19 15 | 15 65 | 12 35 | 31 10 | 20 35 | 16 55 | 13 20 |
| Commercy | 29 75 | 19 90 | 16 20 | 12 60 | 31 15 | 20 60 | 16 80 | 13 25 | 33 45 | 21 80 | 17 70 | 14 10 |
| Vaucouleurs-Pagny | 30 85 | 20 50 | 16 80 | 13 » | 32 25 | 21 20 | 17 40 | 13 65 | 34 55 | 22 40 | 18 30 | 14 50 |
| Toul | 31 75 | 20 50 | 17 20 | 13 35 | 33 15 | 21 20 | 17 80 | 14 » | 35 45 | 22 40 | 18 70 | 14 85 |
| Liverdun | 33 20 | 20 50 | 17 95 | 13 90 | 34 60 | 21 20 | 18 55 | 14 55 | 36 90 | 22 40 | 19 45 | 15 40 |
| Frouard | 33 75 | 20 50 | 18 20 | 14 10 | 35 15 | 21 20 | 18 80 | 14 75 | 37 45 | 22 40 | 19 70 | 15 60 |
| Pont-à-Mousson | 35 20 | 20 50 | 18 95 | 14 65 | 36 60 | 21 20 | 19 55 | 15 30 | 38 90 | 22 40 | 20 45 | 16 15 |
| Novéant | 36 40 | 20 95 | 19 55 | 15 10 | 37 80 | 21 65 | 20 15 | 15 75 | 40 10 | 22 85 | 21 05 | 16 60 |
| Ars-sur-Moselle | 35 90 | 20 70 | 19 30 | 14 90 | 37 30 | 21 40 | 19 90 | 15 55 | 39 60 | 22 60 | 20 80 | 16 40 |
| Metz | 35 75 | 20 60 | 19 20 | 14 85 | 37 15 | 21 30 | 19 80 | 15 50 | 39 45 | 22 50 | 20 70 | 16 35 |
| Hagondange | 34 » | 20 50 | 18 35 | 14 20 | 35 40 | 21 20 | 18 95 | 14 85 | 37 70 | 22 40 | 19 85 | 15 70 |
| Ebange | 33 25 | 20 50 | 18 » | 13 90 | 34 65 | 21 20 | 18 60 | 14 55 | 36 95 | 22 40 | 19 50 | 15 40 |
| Frontière (Guill.-Lux.) | 34 55 | 20 50 | 18 60 | 14 40 | 35 95 | 21 20 | 19 20 | 15 05 | 38 25 | 22 40 | 20 10 | 15 90 |
| Hombourg | 40 05 | 22 80 | 21 40 | 16 45 | 41 45 | 23 50 | 22 » | 17 10 | 43 75 | 24 70 | 22 90 | 17 95 |
| Styring-Wendel | 41 25 | 23 40 | 22 » | 16 90 | 42 65 | 24 10 | 22 60 | 17 55 | 44 95 | 25 30 | 23 50 | 18 40 |
| Nancy | 34 45 | 20 50 | 18 60 | 14 35 | 35 85 | 21 20 | 19 20 | 15 » | 38 15 | 22 40 | 20 10 | 15 85 |
| Xertigny | 41 80 | 23 65 | 22 25 | 17 10 | 43 20 | 24 35 | 22 85 | 17 75 | 45 50 | 25 55 | 23 75 | 18 60 |
| Bains | 42 15 | 23 80 | 22 40 | 17 25 | 43 55 | 24 50 | 23 » | 17 90 | 45 85 | 25 70 | 23 90 | 18 75 |
| Sarrebourg | 40 70 | 23 10 | 21 70 | 16 70 | 42 10 | 23 80 | 22 30 | 17 35 | 44 40 | 25 » | 23 20 | 18 20 |
| Saverne | 42 85 | 24 20 | 22 80 | 17 50 | 44 25 | 24 90 | 23 40 | 18 15 | 46 55 | 26 10 | 24 30 | 19 » |
| Haguenau | 47 35 | 26 40 | 25 » | 19 20 | 48 75 | 27 10 | 25 60 | 19 85 | 51 05 | 28 30 | 26 50 | 20 70 |
| Wissembourg | 50 » | 27 75 | 26 35 | 20 20 | 51 40 | 28 45 | 26 95 | 20 85 | 53 70 | 29 65 | 27 85 | 21 70 |
| Strasbourg | 46 40 | 25 95 | 24 55 | 18 85 | 47 80 | 26 65 | 25 15 | 19 50 | 50 10 | 27 85 | 26 05 | 20 35 |
| Schlestadt | 49 75 | 27 60 | 26 20 | 20 10 | 51 15 | 28 30 | 26 80 | 20 75 | 53 45 | 29 50 | 27 70 | 21 60 |
| Colmar | » » | » » | » » | » » | » » | » » | » » | » » | » » | » » | » » | » » |
| Bollwiller | » » | » » | » » | » » | » » | » » | » » | » » | » » | » » | » » | » » |
| Thann | » » | » » | » » | » » | » » | » » | » » | » » | » » | » » | » » | » » |
| Wesserling | » » | » » | » » | » » | » » | » » | » » | » » | » » | » » | » » | » » |
| Mulhouse | » » | » » | » » | » » | » » | » » | » » | » » | » » | » » | » » | » » |
| Bâle | » » | » » | » » | » » | » » | » » | » » | » » | » » | » » | » » | » » |
| Vendeuvre | » » | » » | » » | » » | » » | » » | » » | » » | » » | » » | » » | » » |
| Bar-sur-Aube | » » | » » | » » | » » | » » | » » | » » | » » | » » | » » | » » | » » |
| Clairvaux | » » | » » | » » | » » | » » | » » | » » | » » | » » | » » | » » | » » |
| Gray | » » | » » | » » | » » | » » | » » | » » | » » | » » | » » | » » | » » |
| Belfort | » » | » » | » » | » » | » » | » » | » » | » » | » » | » » | » » | » » |

Pour les stations sans indication de prix, les transports ont lieu par Paris (voir page 68).

| DES STATIONS ci-contre AUX STATIONS ci-après, *et vice versâ.* | SAINT-QUENTIN. 1re SÉRIE. | SAINT-QUENTIN. 2e SÉRIE. | SAINT-QUENTIN. 3e SÉRIE. | SAINT-QUENTIN. 4e SÉRIE. | NOYON. 1re SÉRIE. | NOYON. 2e SÉRIE. | NOYON. 3e SÉRIE. | NOYON. 4e SÉRIE. | CAMBRAI, LANDRECIES. 1re SÉRIE. | CAMBRAI, LANDRECIES. 2e SÉRIE. | CAMBRAI, LANDRECIES. 3e SÉRIE. | CAMBRAI, LANDRECIES. 4e SÉRIE. |
|---|---|---|---|---|---|---|---|---|---|---|---|---|
| Reims | 12 85 | 9 » | 6 60 | 5 80 | 12 85 | 9 » | 6 60 | 5 80 | 15 85 | 11 90 | 9 10 | 6 90 |
| Rethel | 16 10 | 11 30 | 8 05 | 6 85 | 16 10 | 11 30 | 8 05 | 6 85 | 19 10 | 14 20 | 10 55 | 7 95 |
| Boulzicourt | 19 70 | 12 80 | 9 65 | 8 05 | 19 70 | 12 80 | 9 65 | 8 05 | 22 70 | 15 70 | 12 15 | 9 15 |
| Mohon | 20 10 | 12 80 | 9 90 | 8 25 | 20 10 | 12 80 | 9 90 | 8 25 | 23 10 | 15 70 | 12 40 | 9 35 |
| Mézières-Charleville | 20 10 | 12 80 | 10 » | 8 35 | 20 10 | 12 80 | 10 » | 8 35 | 23 10 | 15 70 | 12 50 | 9 45 |
| Nouzon | 20 10 | 12 80 | 10 30 | 8 55 | 20 10 | 12 80 | 10 30 | 8 55 | 23 10 | 15 70 | 12 80 | 9 65 |
| Braux | 20 35 | 12 95 | 10 60 | 8 80 | 20 35 | 12 95 | 10 60 | 8 80 | 23 35 | 15 85 | 13 10 | 9 90 |
| Monthermé | 20 50 | 13 05 | 10 70 | 8 85 | 20 50 | 13 05 | 10 70 | 8 85 | 23 50 | 15 95 | 13 20 | 9 95 |
| Deville | 20 80 | 13 25 | 10 85 | 8 95 | 20 80 | 13 25 | 10 85 | 8 95 | 23 80 | 16 15 | 13 35 | 10 05 |
| Revin | 21 80 | 13 85 | 11 35 | 9 35 | 21 80 | 13 85 | 11 35 | 9 35 | 24 80 | 16 75 | 13 85 | 10 45 |
| Fumay | 22 35 | 14 20 | 11 60 | 9 55 | 22 35 | 14 20 | 11 60 | 9 55 | 25 35 | 17 10 | 14 10 | 10 65 |
| Vireux | 23 40 | 14 85 | 12 15 | 9 95 | 23 40 | 14 85 | 12 15 | 9 95 | 26 40 | 17 75 | 14 65 | 11 05 |
| Givet | 24 20 | 15 35 | 12 55 | 10 25 | 24 20 | 15 35 | 12 55 | 10 25 | 27 20 | 18 25 | 15 05 | 11 35 |
| | | | | | | | | | | | | |
| Nouvion-sur-Meuse | 20 10 | 12 80 | 10 20 | 8 50 | 20 10 | 12 80 | 10 20 | 8 50 | 23 10 | 15 70 | 12 70 | 9 60 |
| Donchery | 20 10 | 12 80 | 10 45 | 8 65 | 20 10 | 12 80 | 10 45 | 8 65 | 23 10 | 15 70 | 12 95 | 9 75 |
| Sedan | 20 35 | 12 95 | 10 60 | 8 80 | 20 35 | 12 95 | 10 60 | 8 80 | 23 35 | 15 85 | 13 10 | 9 90 |
| Bazeilles | 20 90 | 13 30 | 10 90 | 9 » | 20 90 | 13 30 | 10 90 | 9 » | 23 90 | 16 20 | 13 40 | 10 10 |
| Douzy | 21 15 | 13 45 | 11 » | 9 10 | 21 15 | 13 45 | 11 » | 9 10 | 24 15 | 16 35 | 13 50 | 10 20 |
| Pourru-Brévilly | 21 45 | 13 65 | 11 20 | 9 20 | 21 45 | 13 65 | 11 20 | 9 20 | 24 45 | 16 55 | 13 70 | 10 30 |
| Carignan | 22 20 | 14 10 | 11 55 | 9 50 | 22 20 | 14 10 | 11 55 | 9 50 | 25 20 | 17 » | 14 05 | 10 60 |
| Margut | 22 80 | 14 50 | 11 85 | 9 70 | 22 80 | 14 50 | 11 85 | 9 70 | 25 80 | 17 40 | 14 35 | 10 80 |
| Lamouilly | 23 30 | 14 80 | 12 10 | 9 90 | 23 30 | 14 80 | 12 10 | 9 90 | 26 30 | 17 70 | 14 60 | 11 » |
| Chauvency | 23 85 | 15 15 | 12 40 | 10 10 | 23 85 | 15 15 | 12 40 | 10 10 | 26 85 | 18 05 | 14 90 | 11 20 |
| Montmédy | 24 25 | 15 40 | 12 60 | 10 25 | 24 25 | 15 40 | 12 60 | 10 25 | 27 25 | 18 30 | 15 10 | 11 35 |
| Vezin | 25 20 | 16 » | 13 05 | 10 60 | 25 20 | 16 » | 13 05 | 10 60 | 28 20 | 18 90 | 15 55 | 11 70 |
| Longuyon | 25 95 | 16 45 | 13 40 | 10 90 | 25 95 | 16 45 | 13 40 | 10 90 | 28 95 | 19 35 | 15 90 | 12 » |
| | | | | | | | | | | | | |
| Cons-la-Granville | 26 80 | 17 » | 13 85 | 11 20 | 26 80 | 17 » | 13 85 | 11 20 | 29 80 | 19 90 | 16 35 | 12 30 |
| Longwy | 27 20 | 17 25 | 14 05 | 11 35 | 27 20 | 17 25 | 14 05 | 11 35 | 30 20 | 20 15 | 16 55 | 12 45 |
| | | | | | | | | | | | | |
| Pierrepont | 26 65 | 16 90 | 13 80 | 11 15 | 26 65 | 16 90 | 13 80 | 11 15 | 29 65 | 19 80 | 16 30 | 12 25 |
| Joppécourt | 27 40 | 17 30 | 14 15 | 11 45 | 27 40 | 17 30 | 14 15 | 11 45 | 30 40 | 20 20 | 16 65 | 12 55 |
| Audun-le-Roman | 27 95 | 17 30 | 14 40 | 11 65 | 27 95 | 17 30 | 14 40 | 11 65 | 30 95 | 20 20 | 16 90 | 12 75 |
| Fontoy | 28 60 | 17 30 | 14 75 | 11 90 | 28 60 | 17 30 | 14 75 | 11 90 | 31 60 | 20 20 | 17 25 | 13 » |
| Hayange | 29 20 | 17 30 | 15 05 | 12 10 | 29 20 | 17 30 | 15 05 | 12 10 | 32 20 | 20 20 | 17 55 | 13 20 |
| Thionville | 29 85 | 17 30 | 15 40 | 12 35 | 29 85 | 17 30 | 15 40 | 12 35 | 32 85 | 20 20 | 17 90 | 13 45 |
| | | | | | | | | | | | | |
| Châlons-sur-Marne | 17 65 | 11 65 | 8 75 | 7 40 | 17 65 | 11 65 | 8 75 | 7 40 | 20 65 | 14 55 | 11 25 | 8 50 |
| | | | | | | | | | | | | |
| Saint-Dizier | 21 55 | 13 70 | 11 20 | 9 25 | 21 55 | 13 70 | 11 20 | 9 25 | 24 55 | 16 60 | 13 70 | 10 35 |
| Eurville | 22 40 | 14 25 | 11 65 | 9 55 | 22 40 | 14 25 | 11 65 | 9 55 | 25 40 | 17 15 | 14 15 | 10 65 |
| Chevillon | 23 05 | 14 65 | 12 » | 9 80 | 23 05 | 14 65 | 12 » | 9 80 | 26 05 | 17 55 | 14 50 | 10 90 |
| Joinville | 23 95 | 15 20 | 12 40 | 10 15 | 23 95 | 15 20 | 12 40 | 10 15 | 26 95 | 18 10 | 14 90 | 11 25 |

| DES STATIONS ci-contre AUX STATIONS ci-après, *et vice versâ.* | SAINT-QUENTIN. | | | | NOYON. | | | | CAMBRAI, LANDRECIES. | | | |
|---|---|---|---|---|---|---|---|---|---|---|---|---|
| | 1re SÉRIE. | 2e SÉRIE. | 3e SÉRIE. | 4e SÉRIE. | 1re SÉRIE. | 2e SÉRIE. | 3e SÉRIE. | 4e SÉRIE. | 1re SÉRIE. | 2e SÉRIE. | 3e SÉRIE. | 4e SÉRIE. |
| Donjeux | 24 65 | 15 65 | 12 80 | 10 40 | 24 65 | 15 65 | 12 80 | 10 40 | 27 65 | 18 55 | 15 30 | 11 50 |
| Vignory | 25 60 | 16 25 | 13 25 | 10 75 | 25 60 | 16 25 | 13 25 | 10 75 | 28 60 | 19 15 | 15 75 | 11 85 |
| Bologne | 26 25 | 16 65 | 13 60 | 11 » | 26 25 | 16 65 | 13 60 | 11 » | 29 25 | 19 55 | 16 10 | 12 10 |
| Sermaize | 21 30 | 13 55 | 11 10 | 9 15 | 21 30 | 13 55 | 11 10 | 9 15 | 24 30 | 16 45 | 13 60 | 10 25 |
| Révigny | 21 85 | 13 90 | 11 40 | 9 35 | 21 85 | 13 90 | 11 40 | 9 35 | 24 85 | 16 80 | 13 90 | 10 45 |
| Mussey | 22 40 | 14 25 | 11 65 | 9 55 | 22 40 | 14 25 | 11 65 | 9 55 | 25 40 | 17 15 | 14 15 | 10 65 |
| Bar-le-Duc | 23 05 | 14 65 | 12 » | 9 80 | 23 05 | 14 65 | 12 » | 9 80 | 26 05 | 17 55 | 14 50 | 10 90 |
| Nançois-le-Petit | 24 » | 15 25 | 12 45 | 10 15 | 24 » | 15 25 | 12 45 | 10 15 | 27 » | 18 15 | 14 95 | 11 25 |
| Commercy | 26 35 | 16 70 | 13 60 | 11 05 | 26 35 | 16 70 | 13 60 | 11 05 | 29 35 | 19 60 | 16 10 | 12 15 |
| Vaucouleurs-Pagny | 27 45 | 17 30 | 14 20 | 11 45 | 27 45 | 17 30 | 14 20 | 11 45 | 30 45 | 20 20 | 16 70 | 12 55 |
| Toul | 28 35 | 17 30 | 14 60 | 11 80 | 28 35 | 17 30 | 14 60 | 11 80 | 31 35 | 20 20 | 17 10 | 12 90 |
| Liverdun | 29 80 | 17 30 | 15 35 | 12 35 | 29 80 | 17 30 | 15 35 | 12 35 | 32 80 | 20 20 | 17 85 | 13 45 |
| Frouard | 30 35 | 17 30 | 15 60 | 12 55 | 30 35 | 17 30 | 15 60 | 12 55 | 33 35 | 20 20 | 18 10 | 13 65 |
| Pont-à-Mousson | 31 80 | 17 30 | 16 35 | 13 10 | 31 80 | 17 30 | 16 35 | 13 10 | 34 80 | 20 20 | 18 85 | 14 20 |
| Novéant | 33 » | 17 75 | 16 95 | 13 55 | 33 » | 17 75 | 16 95 | 13 55 | 36 » | 20 65 | 19 45 | 14 65 |
| Ars-sur-Moselle | 32 50 | 17 50 | 16 70 | 13 35 | 32 50 | 17 50 | 16 70 | 13 35 | 35 50 | 20 40 | 19 20 | 14 45 |
| Metz | 32 35 | 17 40 | 16 60 | 13 30 | 32 35 | 17 40 | 16 60 | 13 30 | 35 35 | 20 30 | 19 10 | 14 40 |
| Hagondange | 30 60 | 17 30 | 15 75 | 12 65 | 30 60 | 17 30 | 15 75 | 12 65 | 33 60 | 20 20 | 18 25 | 13 75 |
| Ebange | 29 85 | 17 30 | 15 40 | 12 35 | 29 85 | 17 30 | 15 40 | 12 35 | 32 85 | 20 20 | 17 90 | 13 45 |
| Frontière (Guill.-Lux.) | 31 15 | 17 30 | 16 » | 12 85 | 31 15 | 17 30 | 16 » | 12 85 | 34 15 | 20 20 | 18 50 | 13 95 |
| Hombourg | 36 65 | 19 60 | 18 80 | 14 90 | 36 65 | 19 60 | 18 80 | 14 90 | 39 65 | 22 50 | 21 30 | 16 » |
| Styring-Wendel | 37 85 | 20 20 | 19 40 | 15 35 | 37 85 | 20 20 | 19 40 | 15 35 | 40 85 | 23 10 | 21 90 | 16 45 |
| Nancy | 31 05 | 17 30 | 16 » | 12 80 | 31 05 | 17 30 | 16 » | 12 80 | 34 05 | 20 20 | 18 50 | 13 90 |
| Xertigny | 38 40 | 20 45 | 19 65 | 15 55 | 38 40 | 20 45 | 19 65 | 15 55 | 41 40 | 23 35 | 22 15 | 16 45 |
| Bains | 38 75 | 20 60 | 19 80 | 15 70 | 38 75 | 20 60 | 19 80 | 15 70 | 41 75 | 23 50 | 22 30 | 16 80 |
| Sarrebourg | 37 30 | 19 90 | 19 10 | 15 15 | 37 30 | 19 90 | 19 10 | 15 15 | 40 30 | 22 80 | 21 60 | 16 25 |
| Saverne | 39 45 | 21 » | 20 20 | 15 95 | 39 45 | 21 » | 20 20 | 15 95 | 42 45 | 23 90 | 22 70 | 17 05 |
| Haguenau | 43 95 | 23 20 | 22 40 | 17 65 | 43 95 | 23 20 | 22 40 | 17 65 | 46 95 | 26 10 | 24 90 | 18 75 |
| Wissembourg | 46 60 | 24 55 | 23 75 | 18 65 | 46 60 | 24 55 | 23 75 | 18 65 | 49 60 | 27 45 | 26 25 | 19 75 |
| Strasbourg | 43 » | 22 75 | 21 95 | 17 30 | 43 » | 22 75 | 21 95 | 17 30 | 46 » | 25 65 | 24 15 | 18 40 |
| Schlestadt | 46 35 | 24 40 | 23 60 | 18 55 | 46 35 | 24 40 | 23 60 | 18 55 | 49 35 | 27 30 | 26 10 | 19 65 |
| Colmar | 48 20 | 25 35 | 24 55 | 19 25 | 48 20 | 25 35 | 24 55 | 19 25 | 51 20 | 28 25 | 27 05 | 20 35 |
| Bollwiller | 46 90 | 24 70 | 23 90 | 18 75 | 46 90 | 24 70 | 23 90 | 18 75 | 49 90 | 27 60 | 26 40 | 19 85 |
| Thann | 47 15 | 24 80 | 24 » | 18 85 | 47 15 | 24 80 | 24 » | 18 85 | 50 15 | 27 70 | 26 50 | 19 95 |
| Wesserling | 48 20 | 25 35 | 24 55 | 19 25 | 48 20 | 25 35 | 24 55 | 19 25 | 51 20 | 28 25 | 27 05 | 20 35 |
| Mulhouse | 45 60 | 24 05 | 23 25 | 18 25 | 45 60 | 24 05 | 23 25 | 18 25 | 48 60 | 26 95 | 25 75 | 19 35 |
| Bâle | 48 25 | 25 40 | 24 60 | 19 25 | 48 25 | 25 40 | 24 60 | 19 25 | 51 25 | 28 30 | 27 10 | 20 35 |
| Vendeuvre | 31 95 | 17 30 | 16 40 | 13 15 | » | » | » | » | 34 95 | 20 20 | 18 90 | 14 25 |
| Bar-sur-Aube | 30 25 | 17 30 | 15 60 | 12 50 | 30 25 | 17 30 | 15 60 | 12 50 | 33 25 | 20 20 | 18 10 | 13 60 |
| Clairvaux | 29 20 | 17 30 | 15 05 | 12 10 | 29 20 | 17 30 | 15 05 | 12 10 | 32 20 | 20 20 | 17 55 | 13 20 |
| Gray | 34 60 | 18 55 | 17 75 | 14 15 | 34 60 | 18 55 | 17 75 | 14 15 | 37 60 | 21 45 | 20 25 | 15 25 |
| Belfort | 41 80 | 22 15 | 21 35 | 16 85 | 41 80 | 22 15 | 21 35 | 16 85 | 44 80 | 25 05 | 23 85 | 17 95 |

Pour les stations sans indication de prix, les transports ont lieu par Paris (voir page 68).

| DES STATIONS ci-contre AUX STATIONS ci-après, *et vice versâ.* | AULNOYE, HAUMONT, GARE DES USINES, MAUBEUGE, QUÉVY, JEUMONT, ERQUELINES. | | | | CLERMONT, BRETEUIL, AMIENS. | | | | ABBEVILLE. SAINT-VALERY. | | | |
|---|---|---|---|---|---|---|---|---|---|---|---|---|
| | 1re SÉRIE. | 2e SÉRIE. | 3e SÉRIE. | 4e SÉRIE. | 1re SÉRIE. | 2e SÉRIE. | 3e SÉRIE. | 4e SÉRIE. | 1re SÉRIE. | 2e SÉRIE. | 3e SÉRIE. | 4e SÉRIE. |
| Reims | 18 05 | 13 10 | 9 80 | 6 95 | 16 35 | 12 30 | 9 30 | 7 80 | 21 25 | 15 10 | 11 50 | 10 55 |
| Rethel | 21 30 | 15 40 | 11 25 | 8 » | 19 60 | 14 60 | 10 75 | 8 85 | 24 50 | 17 40 | 12 95 | 11 60 |
| Boulzicourt | 24 90 | 16 90 | 12 85 | 9 20 | 23 20 | 16 10 | 12 35 | 10 05 | 28 10 | 18 90 | 14 55 | 12 80 |
| Mohon | 25 30 | 16 90 | 13 10 | 9 40 | 23 60 | 16 10 | 12 60 | 10 25 | 28 50 | 18 90 | 14 80 | 13 » |
| Mézières-Charleville | 25 30 | 16 40 | 13 20 | 9 50 | 23 60 | 16 10 | 12 70 | 10 35 | 28 50 | 18 90 | 14 90 | 13 10 |
| Nouzon | 25 30 | 16 90 | 13 50 | 9 70 | 23 60 | 16 10 | 13 » | 10 55 | 28 50 | 18 90 | 15 20 | 13 30 |
| Braux | 25 55 | 17 05 | 13 80 | 9 95 | 23 85 | 16 25 | 13 30 | 10 80 | 28 75 | 19 05 | 15 50 | 13 55 |
| Monthermé | 25 70 | 17 15 | 13 90 | 10 » | 24 » | 16 35 | 13 40 | 10 85 | 28 90 | 19 15 | 15 60 | 13 60 |
| Deville | 26 » | 17 35 | 14 05 | 10 10 | 24 30 | 16 55 | 13 55 | 10 95 | 29 20 | 19 35 | 15 75 | 13 70 |
| Revin | 27 » | 17 95 | 14 55 | 10 50 | 25 30 | 17 15 | 14 05 | 11 35 | 30 20 | 19 95 | 16 25 | 14 10 |
| Fumay | 27 85 | 18 30 | 14 80 | 10 70 | 25 85 | 17 50 | 14 30 | 11 55 | 30 75 | 20 30 | 16 50 | 14 30 |
| Viréux | 28 60 | 18 95 | 15 35 | 11 10 | 26 90 | 18 15 | 14 85 | 11 95 | 31 80 | 20 95 | 17 05 | 14 70 |
| Givet | 29 40 | 19 45 | 15 75 | 11 40 | 27 70 | 18 65 | 15 25 | 12 25 | 32 60 | 21 45 | 17 45 | 15 » |
| Nouvion-sur-Meuse | 25 30 | 16 90 | 13 40 | 9 65 | 23 60 | 16 10 | 12 90 | 10 50 | 28 50 | 18 90 | 15 10 | 13 25 |
| Donchéry | 25 30 | 16 90 | 13 65 | 9 80 | 23 60 | 16 10 | 13 15 | 10 65 | 28 50 | 18 90 | 15 35 | 13 40 |
| Sedan | 25 55 | 17 05 | 13 80 | 9 95 | 23 85 | 16 25 | 13 30 | 10 80 | 28 75 | 19 05 | 15 50 | 13 55 |
| Bazeilles | 26 10 | 17 40 | 14 10 | 10 15 | 24 40 | 16 60 | 13 60 | 11 » | 29 30 | 19 40 | 15 80 | 13 75 |
| Douzy | 26 35 | 17 55 | 14 20 | 10 25 | 24 65 | 16 75 | 13 70 | 11 10 | 29 55 | 19 55 | 15 90 | 13 85 |
| Pourru-Brévilly | 26 65 | 17 75 | 14 40 | 10 35 | 24 95 | 16 95 | 13 90 | 11 20 | 29 85 | 19 75 | 16 10 | 13 95 |
| Carignan | 27 40 | 18 20 | 14 75 | 10 65 | 25 70 | 17 40 | 14 25 | 11 50 | 30 60 | 20 20 | 16 45 | 14 25 |
| Margut | 28 » | 18 60 | 15 05 | 10 85 | 26 30 | 17 80 | 14 55 | 11 70 | 31 20 | 20 60 | 16 75 | 14 45 |
| Lamouilly | 28 50 | 18 90 | 15 30 | 11 05 | 26 80 | 18 10 | 14 80 | 11 90 | 31 70 | 20 90 | 17 » | 14 65 |
| Chauvency | 29 05 | 19 25 | 15 60 | 11 25 | 27 35 | 18 45 | 15 10 | 12 10 | 32 25 | 21 25 | 17 30 | 14 85 |
| Montmédy | 29 45 | 19 50 | 15 80 | 11 40 | 27 75 | 18 70 | 15 30 | 12 25 | 32 65 | 21 50 | 17 50 | 15 » |
| Vezin | 30 40 | 20 10 | 16 95 | 11 75 | 28 70 | 19 50 | 15 75 | 12 60 | 33 00 | 22 10 | 17 95 | 15 35 |
| Longuyon | 31 15 | 20 55 | 16 60 | 12 05 | 29 45 | 19 75 | 16 10 | 12 90 | 34 35 | 22 55 | 18 30 | 15 65 |
| Cons-la-Granville | 32 » | 21 10 | 17 05 | 12 35 | 30 30 | 20 30 | 16 55 | 13 20 | 35 20 | 23 10 | 18 75 | 15 95 |
| Longwy | 32 40 | 21 35 | 17 25 | 12 50 | 30 70 | 20 55 | 16 75 | 13 35 | 35 60 | 23 35 | 18 95 | 16 10 |
| Pierrepont | 31 85 | 21 » | 17 » | 12 30 | 30 15 | 20 20 | 16 50 | 13 15 | 35 05 | 23 » | 18 70 | 15 90 |
| Joppécourt | 32 60 | 21 40 | 17 35 | 12 60 | 30 90 | 20 60 | 16 85 | 13 45 | 35 80 | 23 40 | 19 05 | 16 20 |
| Audun-le-Roman | 33 15 | 21 40 | 17 60 | 12 80 | 31 45 | 20 60 | 17 10 | 13 65 | 36 35 | 23 40 | 19 30 | 16 40 |
| Fontoy | 33 80 | 21 40 | 17 95 | 13 05 | 32 10 | 20 60 | 17 45 | 13 90 | 37 » | 23 40 | 19 65 | 16 65 |
| Hayange | 34 40 | 21 40 | 18 25 | 13 25 | 32 70 | 20 60 | 17 75 | 14 10 | 37 60 | 23 40 | 19 95 | 16 85 |
| Thionville | 35 05 | 21 40 | 18 60 | 13 50 | 33 35 | 20 60 | 18 10 | 14 35 | 38 25 | 23 40 | 20 30 | 17 10 |
| Châlons-sur-Marne | 22 85 | 15 75 | 11 95 | 8 55 | 21 15 | 14 95 | 11 45 | 9 40 | 26 05 | 17 75 | 13 65 | 12 15 |
| Saint-Dizier | 26 75 | 17 80 | 14 40 | 10 40 | 25 05 | 17 » | 13 90 | 11 25 | 29 95 | 19 80 | 16 10 | 13 20 |
| Eurville | 27 60 | 18 35 | 14 85 | 10 70 | 25 90 | 17 55 | 14 35 | 11 55 | 30 80 | 20 35 | 16 55 | 14 30 |
| Chevillon | 28 25 | 18 75 | 15 20 | 10 95 | 26 55 | 17 95 | 14 70 | 11 80 | 31 45 | 20 75 | 16 90 | 14 55 |
| Joinville | 29 15 | 19 30 | 15 60 | 11 30 | 27 45 | 18 50 | 15 10 | 12 15 | 32 35 | 21 30 | 17 30 | 14 90 |

| DES STATIONS ci-contre AUX STATIONS ci-après, *et viçe versâ.* | AULNOYE, HAUMONT, GARE DES USINES, MAUBEUGE, QUÉVY, JEUMONT, ERQUELINES. | | | | CLERMONT, BRETEUIL, AMIENS. | | | | ABBEVILLE, SAINT-VALÉRY. | | | |
|---|---|---|---|---|---|---|---|---|---|---|---|---|
| | 1re SÉRIE. | 2e SÉRIE. | 3e SÉRIE. | 4e SÉRIE. | 1re SÉRIE. | 2e SÉRIE. | 3e SÉRIE. | 4e SÉRIE. | 1re SÉRIE. | 2e SÉRIE. | 3e SÉRIE. | 4e SÉRIE. |
| Donjeux | 29 85 | 19 75 | 16 » | 11 55 | 28 15 | 18 95 | 15 50 | 12 40 | 33 05 | 21 75 | 17 70 | 15 15 |
| Vignory | 30 80 | 20 35 | 16 45 | 11 90 | 29 10 | 19 55 | 15 95 | 12 75 | 34 » | 22 35 | 18 15 | 15 50 |
| Bologne | » » | » » | » » | » » | » » | » » | » » | » » | » » | » » | » » | » » |
| Sermaize | 26 50 | 17 65 | 14 30 | 10 30 | 24 80 | 16 85 | 13 80 | 11 15 | 29 70 | 19 65 | 16 » | 13 90 |
| Révigny | 27 05 | 18 » | 14 60 | 10 50 | 25 35 | 17 20 | 14 10 | 11 35 | 30 25 | 20 » | 16 30 | 14 10 |
| Mussey | 27 60 | 18 35 | 14 85 | 10 70 | 25 90 | 17 55 | 14 35 | 11 55 | 30 80 | 20 35 | 16 55 | 14 30 |
| Bar-le-Duc | 28 25 | 18 75 | 15 20 | 10 95 | 26 55 | 17 95 | 14 70 | 11 80 | 31 45 | 20 75 | 16 90 | 14 55 |
| Nançois-le-Petit | 29 20 | 19 35 | 15 65 | 11 30 | 27 50 | 18 55 | 15 15 | 12 15 | 32 40 | 21 35 | 17 35 | 14 90 |
| Commercy | 31 55 | 20 80 | 16 80 | 12 20 | 29 85 | 20 » | 16 30 | 13 05 | 34 75 | 22 80 | 18 50 | 15 80 |
| Vaucouleurs-Pagny | 32 65 | 21 40 | 17 40 | 12 60 | 30 95 | 20 60 | 16 90 | 13 45 | 35 85 | 23 40 | 19 10 | 16 20 |
| Toul | 33 55 | 21 40 | 17 80 | 12 95 | 31 85 | 20 60 | 17 30 | 13 80 | 36 75 | 23 40 | 19 50 | 16 55 |
| Liverdun | 35 » | 21 40 | 18 35 | 13 50 | 33 30 | 20 60 | 18 05 | 14 35 | 38 20 | 23 40 | 20 25 | 17 10 |
| Frouard | 35 55 | 21 40 | 18 80 | 13 70 | 33 85 | 20 60 | 18 30 | 14 55 | 38 75 | 23 40 | 20 50 | 17 30 |
| Pont-à-Mousson | 37 » | 21 40 | 19 55 | 14 25 | 35 30 | 20 60 | 19 05 | 15 10 | 40 20 | 23 40 | 21 25 | 17 85 |
| Novéant | 38 20 | 21 85 | 20 15 | 14 70 | 36 50 | 21 05 | 19 65 | 15 55 | 41 40 | 23 85 | 21 85 | 18 30 |
| Ars-sur-Moselle | 37 70 | 21 60 | 19 90 | 14 50 | 36 » | 20 80 | 19 40 | 15 35 | 40 90 | 23 60 | 21 60 | 18 10 |
| Metz | 37 55 | 21 50 | 19 80 | 14 45 | 35 85 | 20 70 | 19 30 | 15 30 | 40 75 | 23 50 | 21 50 | 18 05 |
| Hagondange | 35 80 | 21 40 | 18 95 | 13 80 | 34 10 | 20 60 | 18 45 | 14 65 | 39 » | 23 40 | 20 65 | 17 40 |
| Ebange | 35 05 | 21 40 | 18 60 | 13 50 | 33 35 | 20 60 | 18 10 | 14 35 | 38 25 | 23 40 | 20 30 | 17 10 |
| Frontière (Guill.-Lux.) | 36 35 | 21 40 | 19 20 | 14 » | 34 65 | 20 60 | 18 70 | 14 85 | 39 55 | 23 40 | 20 90 | 17 60 |
| Hombourg | 41 85 | 23 70 | 22 » | 16 05 | 40 15 | 22 90 | 21 50 | 16 90 | 45 05 | 25 70 | 23 70 | 19 65 |
| Styring-Wendel | 43 05 | 24 30 | 22 60 | 16 50 | 41 35 | 23 50 | 22 10 | 17 35 | 46 25 | 26 30 | 24 30 | 20 10 |
| Nancy | 36 25 | 21 40 | 19 20 | 13 95 | 34 55 | 20 » | 18 70 | 14 80 | 39 45 | 23 40 | 20 90 | 17 55 |
| Xertigny | 43 60 | 24 55 | 22 85 | 16 70 | 41 90 | 23 75 | 22 35 | 17 55 | 46 80 | 26 55 | 24 55 | 20 30 |
| Bains | 43 95 | 24 70 | 23 » | 16 85 | 42 25 | 23 90 | 22 50 | 17 70 | 47 15 | 26 70 | 24 70 | 20 45 |
| Sarrebourg | 42 50 | 24 » | 22 30 | 16 30 | 40 80 | 23 20 | 21 80 | 17 15 | 45 70 | 26 » | 24 » | 19 90 |
| Saverne | 44 65 | 25 10 | 23 40 | 17 10 | 42 95 | 24 30 | 22 90 | 17 95 | 47 85 | 27 10 | 25 10 | 20 70 |
| Haguenau | 49 15 | 27 30 | 25 60 | 18 80 | 47 45 | 26 50 | 25 10 | 19 65 | 52 35 | 29 30 | 27 30 | 22 40 |
| Wissembourg | 51 80 | 28 65 | 26 95 | 19 80 | 50 10 | 27 85 | 26 45 | 20 65 | 55 » | 30 65 | 28 65 | 23 40 |
| Strasbourg | 48 20 | 26 85 | 25 15 | 18 45 | 46 50 | 26 05 | 24 65 | 19 30 | 51 40 | 28 85 | 26 85 | 22 05 |
| Schlestadt | 51 55 | 28 50 | 26 80 | 19 70 | 49 85 | 27 70 | 26 30 | 20 55 | 54 75 | 30 50 | 28 50 | 23 30 |
| Colmar | 53 40 | 29 45 | 27 75 | 20 40 | » » | » » | » » | » » | » » | » » | » » | » » |
| Bollwiller | 52 10 | 28 80 | 27 10 | 19 90 | » » | » » | » » | » » | » » | » » | » » | » » |
| Thann | 52 35 | 28 90 | 27 20 | 20 » | » » | » » | » » | » » | » » | » » | » » | » » |
| Wesserling | 53 40 | 29 45 | 27 75 | 20 40 | » » | » » | » » | » » | » » | » » | » » | » » |
| Mulhouse | 50 80 | 28 15 | 26 45 | 19 40 | » » | » » | » » | » » | » » | » » | » » | » » |
| Bâle | 53 45 | 29 50 | 27 80 | 20 40 | » » | » » | » » | » » | » » | » » | » » | » » |
| Vendeuvre | 37 15 | 21 40 | 19 60 | 14 30 | » » | » » | » » | » » | » » | » » | » » | » » |
| Bar-sur-Aube | 35 45 | 21 40 | 18 80 | 13 65 | » » | » » | » » | » » | » » | » » | » » | » » |
| Clairvaux | 34 40 | 21 40 | 18 25 | 13 25 | » » | » » | » » | » » | » » | » » | » » | » » |
| Gray | 39 80 | 22 65 | 20 95 | 15 30 | » » | » » | » » | » » | » » | » » | » » | » » |
| Belfort | 47 » | 26 25 | 24 55 | 18 » | » » | » » | » » | » » | » » | » » | » » | » » |

Pour les stations sans indication de prix, les transports ont lieu par Paris (voir page 68).

| DES STATIONS ci-contre AUX STATIONS ci-après, *et vice versâ.* | SOMAIN. | | | | DOUAI. | | | | ARRAS. | | | |
|---|---|---|---|---|---|---|---|---|---|---|---|---|
| | 1re SÉRIE. | 2e SÉRIE. | 3e SÉRIE. | 4e SÉRIE. | 1re SÉRIE. | 2e SÉRIE. | 3e SÉRIE. | 4e SÉRIE. | 1re SÉRIE. | 2e SÉRIE. | 3e SÉRIE. | 4e SÉRIE. |
| Reims | 18 35 | 13 30 | 9 80 | 7 40 | 19 75 | 14 » | 10 30 | 8 30 | 19 75 | 14 » | 10 30 | 8 30 |
| Rethel | 21 60 | 15 60 | 11 25 | 8 45 | 23 00 | 16 30 | 11 75 | 9 35 | 23 00 | 16 30 | 11 75 | 9 35 |
| Boulzicourt | 25 20 | 17 10 | 12 85 | 9 65 | 26 60 | 17 80 | 13 35 | 10 55 | 26 60 | 17 80 | 13 35 | 10 55 |
| Mohon | 25 60 | 17 10 | 13 10 | 9 85 | 27 » | 17 80 | 13 60 | 10 75 | 27 » | 17 80 | 13 60 | 10 75 |
| Mézières-Charleville | 25 60 | 17 10 | 13 20 | 9 95 | 27 » | 17 80 | 13 70 | 10 85 | 27 » | 17 80 | 13 70 | 10 85 |
| Nouzon | 25 60 | 17 10 | 13 50 | 10 15 | 27 » | 17 80 | 14 » | 11 05 | 27 » | 17 80 | 14 » | 11 05 |
| Braux | 25 85 | 17 25 | 13 80 | 10 40 | 27 25 | 17 95 | 14 30 | 11 30 | 27 25 | 17 95 | 14 30 | 11 30 |
| Monthermé | 26 » | 17 35 | 13 90 | 10 45 | 27 40 | 18 05 | 14 40 | 11 35 | 27 40 | 18 05 | 14 40 | 11 35 |
| Deville | 26 30 | 17 55 | 14 05 | 10 55 | 27 70 | 18 25 | 14 55 | 11 45 | 27 70 | 18 25 | 14 55 | 11 45 |
| Revin | 27 30 | 18 15 | 14 55 | 10 95 | 28 70 | 18 85 | 15 05 | 11 85 | 28 70 | 18 85 | 15 05 | 11 85 |
| Fumay | 27 85 | 18 50 | 14 80 | 11 15 | 29 25 | 19 20 | 15 30 | 12 05 | 29 25 | 19 20 | 15 30 | 12 05 |
| Vireux | 28 90 | 19 15 | 15 35 | 11 55 | 30 30 | 19 85 | 15 85 | 12 45 | 30 30 | 19 85 | 15 85 | 12 45 |
| Givet | 29 70 | 19 65 | 15 75 | 11 85 | 31 10 | 20 35 | 16 25 | 12 75 | 31 10 | 20 35 | 16 25 | 12 75 |
| Nouvion-sur-Meuse | 25 60 | 17 10 | 13 40 | 10 10 | 27 » | 17 80 | 13 90 | 11 » | 27 » | 17 80 | 13 90 | 11 » |
| Donchery | 25 60 | 17 10 | 13 65 | 10 25 | 27 » | 17 80 | 14 15 | 11 15 | 27 » | 17 80 | 14 15 | 11 15 |
| Sedan | 25 85 | 17 25 | 13 80 | 10 40 | 27 25 | 17 95 | 14 30 | 11 30 | 27 25 | 17 95 | 14 30 | 11 30 |
| Bazeilles | 26 40 | 17 60 | 14 10 | 10 60 | 27 80 | 18 30 | 14 60 | 11 50 | 27 80 | 18 30 | 14 60 | 11 50 |
| Douzy | 26 65 | 17 75 | 14 20 | 10 70 | 28 05 | 18 45 | 14 70 | 11 60 | 28 05 | 18 45 | 14 70 | 11 60 |
| Pourru-Brévilly | 26 95 | 17 95 | 14 40 | 10 80 | 28 35 | 18 65 | 14 90 | 11 70 | 28 35 | 18 65 | 14 90 | 11 70 |
| Carignan | 27 70 | 18 40 | 14 75 | 11 10 | 29 10 | 19 10 | 15 25 | 12 » | 29 10 | 19 10 | 15 25 | 12 » |
| Margut | 28 30 | 18 80 | 15 05 | 11 30 | 29 70 | 19 50 | 15 55 | 12 20 | 29 70 | 19 50 | 15 55 | 12 20 |
| Lamouilly | 28 80 | 19 10 | 15 30 | 11 50 | 30 20 | 19 80 | 15 80 | 12 40 | 30 20 | 19 80 | 15 80 | 12 40 |
| Chauvency | 29 35 | 19 45 | 15 00 | 11 70 | 30 75 | 20 15 | 16 10 | 12 60 | 30 75 | 20 15 | 16 10 | 12 60 |
| Montmédy | 29 75 | 19 70 | 15 80 | 11 85 | 31 15 | 20 40 | 16 30 | 12 75 | 31 15 | 20 40 | 16 30 | 12 75 |
| Vezin | 30 70 | 20 30 | 16 25 | 12 20 | 32 10 | 21 » | 16 75 | 13 10 | 32 10 | 21 » | 16 75 | 13 10 |
| Longuyon | 31 45 | 20 75 | 16 60 | 12 50 | 32 85 | 21 45 | 17 10 | 13 40 | 32 85 | 21 45 | 17 10 | 13 40 |
| Cons-la-Granville | 32 30 | 21 30 | 17 05 | 12 80 | 33 70 | 22 » | 17 55 | 13 70 | 33 70 | 22 » | 17 55 | 13 70 |
| Longwy | 32 70 | 21 55 | 17 25 | 12 95 | 34 10 | 22 25 | 17 75 | 13 85 | 34 10 | 22 25 | 17 75 | 13 85 |
| Pierrepont | 32 15 | 21 20 | 17 » | 12 75 | 33 55 | 21 90 | 17 50 | 13 65 | 33 55 | 21 90 | 17 50 | 13 65 |
| Joppécourt | 32 90 | 21 60 | 17 35 | 13 05 | 34 30 | 22 30 | 17 85 | 13 95 | 34 30 | 22 30 | 17 85 | 13 95 |
| Audun-le-Roman | 33 45 | 21 60 | 17 60 | 13 25 | 34 85 | 22 30 | 18 10 | 14 15 | 34 85 | 22 30 | 18 10 | 14 15 |
| Fontoy | 34 10 | 21 60 | 17 95 | 13 50 | 35 50 | 22 30 | 18 45 | 14 40 | 35 50 | 22 30 | 18 45 | 14 40 |
| Hayange | 34 70 | 21 60 | 18 25 | 13 70 | 36 10 | 22 30 | 18 75 | 14 60 | 36 10 | 22 30 | 18 75 | 14 60 |
| Thionville | 35 35 | 21 60 | 18 60 | 13 95 | 36 75 | 20 30 | 19 10 | 14 85 | 36 75 | 22 30 | 19 10 | 14 85 |
| Châlons-sur-Marne | 23 15 | 15 95 | 11 95 | 9 » | 24 55 | 16 65 | 12 45 | 9 90 | 24 55 | 16 65 | 12 45 | 9 90 |
| Saint-Dizier | 27 05 | 18 » | 14 40 | 10 85 | 28 45 | 18 70 | 14 90 | 11 75 | 28 45 | 18 70 | 14 90 | 11 75 |
| Eurville | 27 90 | 18 55 | 14 85 | 11 15 | 29 30 | 19 25 | 15 35 | 12 05 | 29 30 | 19 25 | 15 35 | 12 05 |
| Chevillon | 28 55 | 18 95 | 15 20 | 11 40 | 29 95 | 19 65 | 15 70 | 12 30 | 29 95 | 19 65 | 15 70 | 12 30 |
| Joinville | 29 45 | 19 50 | 15 60 | 11 75 | 30 85 | 20 20 | 16 10 | 12 65 | 30 85 | 20 20 | 16 10 | 12 65 |

| DES STATIONS ci-contre AUX STATIONS ci-après, *et vice versâ.* | SOMAIN. | | | | DOUAI. | | | | ARRAS. | | | |
|---|---|---|---|---|---|---|---|---|---|---|---|---|
| | 1re SÉRIE. | 2e SÉRIE. | 3e SÉRIE. | 3e SÉRIE. | 1re SÉRIE. | 2e SÉRIE. | 3e SÉRIE. | 4e SÉRIE. | 1re SÉRIE. | 2e SÉRIE. | 3e SÉRIE. | 4e SÉRIE. |
| Donjeux | 30 15 | 19 95 | 16 » | 12 » | 31 55 | 20 65 | 16 50 | 12 90 | 31 55 | 20 65 | 16 50 | 12 90 |
| Vignory | 31 10 | 20 55 | 16 45 | 12 35 | 32 50 | 21 25 | 16 95 | 13 25 | 32 50 | 21 25 | 16 95 | 13 25 |
| Bologne | 31 75 | 20 95 | 16 80 | 12 60 | 33 15 | 21 65 | 17 30 | 13 50 | 33 15 | 21 65 | 17 30 | 13 50 |
| Sermaize | 26 80 | 17 85 | 14 30 | 10 75 | 28 20 | 18 55 | 14 80 | 11 65 | 28 20 | 18 55 | 14 80 | 11 65 |
| Révigny | 27 35 | 18 20 | 14 60 | 10 95 | 28 75 | 18 90 | 15 10 | 11 85 | 28 75 | 18 90 | 15 10 | 11 85 |
| Mussey | 27 90 | 18 55 | 14 85 | 11 15 | 29 30 | 19 25 | 15 35 | 12 05 | 29 30 | 19 25 | 15 35 | 12 05 |
| Bar-le-Duc | 28 55 | 18 95 | 15 20 | 11 40 | 29 95 | 19 65 | 15 70 | 12 30 | 29 95 | 19 65 | 15 70 | 12 30 |
| Nançois-le-Petit | 29 50 | 19 55 | 15 65 | 11 75 | 30 90 | 20 25 | 16 15 | 12 65 | 30 90 | 20 25 | 16 15 | 12 65 |
| Commercy | 31 85 | 21 » | 16 80 | 12 65 | 33 25 | 21 70 | 17 30 | 13 55 | 33 25 | 21 70 | 17 30 | 13 55 |
| Vaucouleurs-Pagny | 32 95 | 21 60 | 17 40 | 13 05 | 34 35 | 22 30 | 17 90 | 13 95 | 34 35 | 22 30 | 17 90 | 13 95 |
| Toul | 33 85 | 21 60 | 17 80 | 13 40 | 35 25 | 22 30 | 18 30 | 14 30 | 35 25 | 22 30 | 18 30 | 14 30 |
| Liverdun | 35 30 | 21 60 | 18 35 | 13 95 | 36 70 | 22 30 | 19 05 | 14 85 | 36 70 | 22 30 | 19 05 | 14 85 |
| Frouard | 35 85 | 21 60 | 18 80 | 14 15 | 37 25 | 22 30 | 19 30 | 15 05 | 37 25 | 22 30 | 19 30 | 15 05 |
| Pont-a-Mousson | 37 30 | 21 60 | 19 55 | 14 70 | 38 70 | 22 30 | 20 05 | 15 60 | 38 70 | 22 30 | 20 05 | 15 60 |
| Novéant | 38 50 | 22 05 | 20 15 | 15 15 | 39 90 | 22 75 | 20 65 | 16 05 | 39 90 | 22 75 | 20 65 | 16 05 |
| Ars-sur-Moselle | 38 » | 21 80 | 19 90 | 14 95 | 39 40 | 22 50 | 20 40 | 15 85 | 39 40 | 22 50 | 20 40 | 15 85 |
| Metz | 37 85 | 21 70 | 19 80 | 14 90 | 39 25 | 22 40 | 20 30 | 15 80 | 39 25 | 22 40 | 20 30 | 15 80 |
| Hagondange | 36 10 | 21 60 | 18 95 | 14 25 | 37 50 | 22 30 | 19 45 | 15 15 | 37 50 | 22 30 | 19 45 | 15 15 |
| Ebange | 35 35 | 21 60 | 18 60 | 13 95 | 36 75 | 22 30 | 19 10 | 14 85 | 36 75 | 22 30 | 19 10 | 14 85 |
| Frontière (Guill.-Lux | 36 65 | 21 60 | 19 20 | 14 45 | 38 05 | 22 30 | 19 70 | 15 35 | 38 05 | 22 30 | 19 70 | 15 35 |
| Hombourg | 42 15 | 23 90 | 22 » | 16 50 | 43 55 | 24 60 | 22 50 | 17 40 | 43 55 | 24 60 | 22 50 | 17 40 |
| Styring-Wendel | 43 35 | 24 50 | 22 60 | 16 95 | 44 75 | 25 20 | 23 10 | 17 85 | 44 75 | 25 20 | 23 10 | 17 85 |
| Nancy | 36 55 | 21 60 | 19 20 | 14 40 | 37 95 | 22 30 | 19 70 | 15 30 | 37 95 | 22 30 | 19 70 | 15 30 |
| Xertigny | 43 90 | 24 75 | 22 85 | 17 15 | 45 30 | 25 45 | 23 35 | 18 05 | 45 30 | 25 45 | 23 35 | 18 05 |
| Bains | 44 25 | 24 90 | 23 » | 17 30 | 45 65 | 25 60 | 23 50 | 18 20 | 45 65 | 25 60 | 23 50 | 18 20 |
| Sarrebourg | 42 80 | 24 20 | 22 30 | 16 75 | 44 20 | 24 90 | 22 80 | 17 65 | 44 20 | 24 90 | 22 80 | 17 65 |
| Saverne | 44 95 | 25 30 | 23 40 | 17 55 | 46 35 | 26 » | 23 90 | 18 45 | 46 35 | 26 » | 23 90 | 18 45 |
| Haguenau | 49 45 | 27 50 | 25 60 | 19 25 | 50 85 | 28 20 | 26 10 | 20 15 | 50 85 | 28 20 | 26 10 | 20 15 |
| Wissembourg | 52 10 | 28 85 | 26 95 | 20 25 | 53 50 | 29 55 | 27 45 | 21 15 | 53 50 | 29 55 | 27 45 | 21 15 |
| Strasbourg | 48 50 | 27 05 | 25 15 | 18 90 | 49 90 | 27 75 | 25 65 | 19 80 | 49 90 | 27 75 | 25 65 | 19 80 |
| Schlestadt | 51 85 | 28 70 | 26 80 | 20 15 | 53 25 | 29 40 | 27 30 | 21 05 | 53 25 | 29 40 | 27 30 | 21 05 |
| Colmar | 53 70 | 29 65 | 27 75 | 20 85 | 55 10 | 30 35 | 28 25 | 21 75 | 55 10 | 30 35 | 28 25 | 21 75 |
| Bollwiller | 52 40 | 29 » | 27 10 | 20 35 | 53 80 | 29 70 | 27 60 | 21 25 | 53 80 | 29 70 | 27 60 | 21 25 |
| Thann | 52 65 | 29 10 | 27 20 | 20 45 | 54 05 | 29 80 | 27 70 | 21 35 | 54 05 | 29 80 | 27 70 | 21 35 |
| Wesserling | 53 70 | 29 65 | 27 75 | 20 85 | 55 10 | 30 35 | 28 25 | 21 75 | 55 10 | 30 35 | 28 25 | 21 75 |
| Mulhouse | 51 10 | 28 35 | 26 45 | 19 85 | 52 50 | 29 05 | 26 95 | 20 75 | 52 50 | 29 05 | 26 95 | 20 75 |
| Bâle | 53 75 | 29 70 | 27 80 | 20 85 | 55 15 | 30 40 | 28 30 | 21 75 | 55 15 | 30 40 | 28 30 | 21 75 |
| Vendeuvre | 37 45 | 21 60 | 19 60 | 14 75 | » » | » » | » » | » » | » | » | » | » |
| Bar-sur-Aube | 35 75 | 21 60 | 18 80 | 14 10 | 37 15 | 22 30 | 19 30 | 15 » | » | » | » | » |
| Clairvaux | 34 70 | 21 60 | 18 25 | 13 70 | 36 10 | 22 30 | 18 75 | 14 60 | » | » | » | » |
| Gray | 40 10 | 22 85 | 20 95 | 15 75 | 41 50 | 23 55 | 21 45 | 16 65 | 41 50 | 23 55 | 21 45 | 16 65 |
| Belfort | 47 30 | 26 45 | 24 55 | 18 45 | 48 70 | 27 15 | 25 05 | 19 35 | 48 70 | 27 15 | 25 05 | 19 35 |

Pour les stations sans indication de prix, les transports ont lieu par Paris (voir page 68).

| DES STATIONS ci-contre AUX STATIONS ci-après, *et vice versâ.* | ALBERT. | | | | VALENCIENNNES, BLANC-MISSERON, QUIÉVRAIN. | | | | LILLE. | | | |
|---|---|---|---|---|---|---|---|---|---|---|---|---|
| | 1re SÉRIE. | 2e SÉRIE. | 3e SÉRIE. | 4e SÉRIE. | 1re SÉRIE. | 2e SÉRIE. | 3e SÉRIE. | 4e SÉRIE. | 1re SÉRIE. | 2e SÉRIE. | 3e SÉRIE. | 4e SÉRIE. |
| Reims | 19 75 | 14 » | 10 30 | 8 30 | 20 35 | 14 30 | 10 80 | 7 70 | 23 15 | 15 50 | 11 80 | 9 30 |
| Rethel | 23 » | 16 30 | 11 75 | 9 35 | 25 60 | 16 60 | 12 25 | 8 75 | 26 40 | 17 80 | 13 25 | 10 35 |
| Boulzicourt | 26 60 | 17 80 | 13 35 | 10 55 | 27 20 | 18 10 | 13 85 | 9 95 | 30 » | 19 30 | 14 85 | 11 55 |
| Mohon | 27 » | 17 80 | 13 60 | 10 75 | 27 60 | 18 10 | 14 10 | 10 15 | 30 40 | 19 30 | 15 10 | 11 75 |
| Mézières-Charleville | 27 » | 17 80 | 13 70 | 10 85 | 27 60 | 18 10 | 14 20 | 10 25 | 30 40 | 19 30 | 15 20 | 11 85 |
| Nouzon | 27 » | 17 80 | 14 » | 11 05 | 27 60 | 18 10 | 14 50 | 10 45 | 30 40 | 19 30 | 15 50 | 12 05 |
| Braux | 27 25 | 17 95 | 14 30 | 11 30 | 27 85 | 18 25 | 14 80 | 10 70 | 30 65 | 19 45 | 15 80 | 12 30 |
| Monthermé | 27 40 | 18 05 | 14 40 | 11 35 | 28 » | 18 35 | 14 90 | 10 75 | 30 80 | 19 55 | 15 90 | 12 35 |
| Deville | 27 70 | 18 20 | 14 55 | 11 45 | 28 30 | 18 55 | 15 05 | 10 85 | 31 10 | 19 75 | 16 05 | 12 45 |
| Revin | 28 70 | 18 85 | 15 05 | 11 85 | 29 30 | 19 15 | 15 55 | 11 25 | 32 10 | 20 35 | 16 55 | 12 85 |
| Fumay | 29 25 | 19 20 | 15 30 | 12 05 | 29 85 | 19 50 | 15 80 | 11 45 | 32 65 | 20 70 | 16 80 | 13 05 |
| Vireux | 30 30 | 19 85 | 15 85 | 12 45 | 30 90 | 20 15 | 16 35 | 11 85 | 33 70 | 21 35 | 17 35 | 13 45 |
| Givet | 31 10 | 20 35 | 16 25 | 12 75 | 31 70 | 20 65 | 16 75 | 12 15 | 34 50 | 21 85 | 17 75 | 13 75 |
| — | | | | | | | | | | | | |
| Nouvion-sur-Meuse | 27 » | 17 80 | 13 90 | 11 » | 27 60 | 18 10 | 14 40 | 10 40 | 30 40 | 19 30 | 15 40 | 12 » |
| Donchery | 27 » | 17 80 | 14 15 | 11 15 | 27 60 | 18 10 | 14 65 | 10 55 | 30 40 | 19 30 | 15 65 | 12 15 |
| Sedan | 27 25 | 17 95 | 14 30 | 11 30 | 27 85 | 18 25 | 14 80 | 10 70 | 30 65 | 19 45 | 15 80 | 12 30 |
| Bazeilles | 27 80 | 18 30 | 14 60 | 11 50 | 28 40 | 18 60 | 15 10 | 10 90 | 31 20 | 19 80 | 16 10 | 12 50 |
| Douzy | 28 05 | 18 45 | 14 70 | 11 60 | 28 65 | 18 75 | 15 20 | 11 » | 31 45 | 19 95 | 16 20 | 12 60 |
| Pourru-Brévilly | 28 35 | 18 65 | 14 90 | 11 70 | 28 95 | 18 95 | 15 40 | 11 10 | 31 75 | 20 15 | 16 40 | 12 70 |
| Carignan | 29 10 | 19 10 | 15 25 | 12 » | 29 70 | 19 40 | 15 75 | 11 40 | 32 50 | 20 60 | 16 75 | 13 » |
| Margut | 29 70 | 19 50 | 15 55 | 12 20 | 30 30 | 19 80 | 16 05 | 11 60 | 33 10 | 21 » | 17 05 | 13 20 |
| Lamouilly | 30 20 | 19 80 | 15 80 | 12 40 | 30 80 | 20 10 | 16 30 | 11 80 | 33 60 | 21 30 | 17 30 | 13 40 |
| Chauvency | 30 75 | 20 15 | 16 10 | 12 60 | 31 35 | 20 45 | 16 60 | 12 » | 34 15 | 21 65 | 17 60 | 13 60 |
| Montmédy | 31 15 | 20 40 | 16 30 | 12 75 | 31 75 | 20 70 | 16 80 | 12 15 | 34 55 | 21 90 | 17 80 | 13 75 |
| Vezin | 32 10 | 21 » | 16 75 | 13 10 | 32 70 | 21 30 | 17 25 | 12 50 | 35 50 | 22 50 | 18 25 | 14 10 |
| Longuyon | 32 85 | 21 45 | 17 10 | 13 40 | 33 45 | 21 75 | 17 60 | 12 80 | 36 25 | 22 95 | 18 60 | 14 40 |
| — | | | | | | | | | | | | |
| Cons-la-Granville | 33 70 | 22 » | 17 55 | 13 70 | 34 30 | 22 30 | 18 05 | 13 10 | 37 10 | 23 50 | 19 05 | 14 70 |
| Longwy | 34 10 | 22 25 | 17 75 | 13 85 | 34 70 | 22 55 | 18 25 | 13 25 | 37 50 | 23 75 | 19 25 | 14 85 |
| — | | | | | | | | | | | | |
| Pierrepont | 33 35 | 21 90 | 17 50 | 13 65 | 34 15 | 22 20 | 18 » | 13 05 | 36 95 | 23 40 | 19 » | 14 65 |
| Joppécourt | 34 30 | 22 30 | 17 85 | 13 95 | 34 90 | 22 60 | 18 35 | 13 35 | 37 70 | 23 80 | 19 35 | 14 95 |
| Audun-le-Roman | 34 85 | 22 30 | 18 10 | 14 15 | 35 45 | 22 60 | 18 60 | 13 55 | 38 25 | 23 80 | 19 60 | 15 15 |
| Fontoy | 35 50 | 22 30 | 18 45 | 14 40 | 36 10 | 22 60 | 18 95 | 13 80 | 38 90 | 23 80 | 19 95 | 15 40 |
| Hayange | 36 10 | 22 30 | 18 75 | 14 60 | 36 70 | 22 60 | 19 25 | 14 » | 39 50 | 23 80 | 20 25 | 15 60 |
| Thionville | 36 75 | 22 30 | 19 10 | 14 85 | 37 35 | 22 60 | 19 60 | 14 25 | 40 15 | 23 80 | 20 60 | 15 85 |
| — | | | | | | | | | | | | |
| Châlons-sur-Marne | 24 55 | 16 65 | 12 15 | 9 90 | 25 15 | 16 95 | 12 95 | 9 30 | 27 95 | 18 15 | 13 95 | 10 90 |
| — | | | | | | | | | | | | |
| Saint-Dizier | 28 45 | 18 70 | 14 90 | 11 75 | 29 05 | 19 » | 15 40 | 11 15 | 31 85 | 20 20 | 16 40 | 12 75 |
| Eurville | 29 30 | 19 25 | 15 35 | 12 05 | 29 90 | 19 55 | 15 85 | 11 45 | 32 70 | 20 75 | 16 85 | 13 05 |
| Chevillon | 29 95 | 19 65 | 15 70 | 12 30 | 30 55 | 19 95 | 16 20 | 11 70 | 33 35 | 21 15 | 17 20 | 13 30 |
| Joinville | 30 85 | 20 20 | 16 10 | 12 65 | 31 45 | 20 50 | 16 60 | 12 05 | 34 25 | 21 70 | 17 60 | 13 65 |

# TRANSPORTS PAR LAON.

| DES STATIONS ci-contre AUX STATIONS ci-après, *et vice versâ* | ALBERT. | | | | VALENCIENNES, BLANC-MISSERON, QUIÉVRAIN. | | | | LILLE. | | | |
|---|---|---|---|---|---|---|---|---|---|---|---|---|
| | 1re SÉRIE. | 2e SÉRIE. | 3e SÉRIE. | 4e SÉRIE. | 1re SÉRIE. | 2e SÉRIE. | 3e SÉRIE. | 4e SÉRIE. | 1re SÉRIE. | 2e SÉRIE. | 3e SÉRIE. | 4e SÉRIE. |
| Donjeux.... ....... | 31 55 | 20 65 | 16 50 | 12 90 | 32 15 | 20 95 | 17 » | 12 30 | 34 95 | 22 15 | 18 » | 13 90 |
| Vignory............ | 32 50 | 21 25 | 16 95 | 13 25 | 33 10 | 21 55 | 17 45 | 12 65 | 35 90 | 22 75 | 18 45 | 14 25 |
| Bologne............ | » | » | » | » | 33 75 | 21 95 | 17 80 | 12 90 | 36 55 | 23 15 | 18 80 | 14 50 |
| Sermaize........... | 28 20 | 18 55 | 14 80 | 11 65 | 28 80 | 18 85 | 15 30 | 11 05 | 31 60 | 20 05 | 16 30 | 12 65 |
| Révigny............ | 28 75 | 18 90 | 15 10 | 11 85 | 29 35 | 19 20 | 15 60 | 11 25 | 32 15 | 20 40 | 16 60 | 12 85 |
| Mussey............. | 29 30 | 19 25 | 15 35 | 12 05 | 29 90 | 19 55 | 15 85 | 11 45 | 32 70 | 20 75 | 16 85 | 13 05 |
| Bar-le-Duc......... | 29 95 | 19 65 | 15 70 | 12 30 | 30 55 | 19 95 | 16 20 | 11 70 | 33 35 | 21 15 | 17 20 | 13 30 |
| Nançois-le-Petit.... | 30 90 | 20 25 | 16 15 | 12 65 | 31 50 | 20 55 | 16 65 | 12 05 | 34 30 | 21 75 | 17 65 | 13 65 |
| Commercy.......... | 33 25 | 21 70 | 17 30 | 13 55 | 33 85 | 22 » | 17 80 | 12 95 | 36 65 | 23 20 | 18 80 | 14 55 |
| Vaucouleurs-Pagny.. | 34 35 | 22 30 | 17 90 | 13 95 | 34 95 | 22 60 | 18 40 | 13 35 | 37 75 | 23 80 | 19 40 | 14 95 |
| Toul............... | 35 25 | 22 30 | 18 30 | 14 30 | 35 85 | 22 60 | 18 80 | 13 70 | 38 65 | 23 80 | 19 80 | 15 30 |
| Liverdun........... | 36 70 | 22 30 | 19 05 | 14 85 | 37 30 | 22 60 | 19 55 | 14 25 | 40 10 | 23 80 | 20 55 | 15 85 |
| Frouard............ | 37 25 | 22 30 | 19 30 | 15 05 | 37 85 | 22 60 | 19 80 | 14 45 | 40 65 | 23 80 | 20 80 | 16 05 |
| Pont-à-Mousson..... | 38 70 | 22 30 | 20 05 | 15 60 | 39 30 | 22 60 | 20 55 | 15 » | 42 10 | 23 80 | 21 55 | 16 60 |
| Novéant............ | 39 90 | 22 75 | 20 65 | 16 05 | 40 50 | 23 05 | 21 15 | 15 45 | 43 30 | 24 25 | 22 15 | 17 05 |
| Ars-sur-Moselle.... | 39 40 | 22 50 | 20 40 | 15 85 | 40 » | 22 80 | 20 90 | 15 25 | 42 80 | 24 » | 21 90 | 16 85 |
| Metz............... | 39 25 | 22 40 | 20 30 | 15 80 | 39 85 | 22 70 | 20 80 | 15 20 | 42 65 | 23 90 | 21 80 | 16 80 |
| Hagondange........ | 37 50 | 22 30 | 19 45 | 15 15 | 38 10 | 22 60 | 19 95 | 14 55 | 40 90 | 23 80 | 20 95 | 16 15 |
| Ebange............. | 36 75 | 22 30 | 19 10 | 14 85 | 37 35 | 22 60 | 19 60 | 14 25 | 40 15 | 23 80 | 20 60 | 15 85 |
| Frontière (Guill.-Lux.) | 38 05 | 22 30 | 19 70 | 15 35 | 38 65 | 22 60 | 20 20 | 14 75 | 41 45 | 23 80 | 21 20 | 16 35 |
| Hombourg.......... | 43 55 | 24 60 | 22 50 | 17 40 | 44 15 | 24 90 | 23 » | 16 80 | 46 95 | 26 10 | 24 » | 18 40 |
| Styring-Wendel..... | 44 75 | 25 20 | 23 10 | 17 85 | 45 35 | 25 50 | 23 60 | 17 25 | 48 15 | 26 70 | 24 60 | 18 85 |
| Nancy.............. | 37 95 | 22 30 | 19 70 | 15 30 | 38 55 | 22 60 | 20 20 | 14 70 | 41 35 | 23 80 | 21 20 | 16 30 |
| Xertigny........... | 45 30 | 25 45 | 23 35 | 18 05 | 45 90 | 25 75 | 23 85 | 17 45 | 48 70 | 26 95 | 24 85 | 19 05 |
| Bains.............. | 45 65 | 25 60 | 23 50 | 18 20 | 46 25 | 25 90 | 24 » | 17 60 | 49 05 | 27 10 | 25 » | 19 20 |
| Sarrebourg......... | 44 20 | 24 90 | 22 80 | 17 65 | 44 80 | 25 20 | 23 30 | 17 05 | 47 60 | 26 40 | 24 30 | 18 65 |
| Saverne............ | 46 35 | 26 » | 23 90 | 18 45 | 46 95 | 26 30 | 24 40 | 17 85 | 49 75 | 27 50 | 25 40 | 19 45 |
| Haguenau.......... | 50 85 | 28 20 | 26 10 | 20 15 | 51 45 | 28 50 | 26 60 | 19 55 | 54 25 | 29 70 | 27 60 | 21 15 |
| Wissembourg....... | 53 50 | 29 55 | 27 45 | 21 15 | 54 10 | 29 85 | 27 95 | 20 55 | 56 90 | 31 05 | 28 95 | 22 15 |
| Strasbourg......... | 49 90 | 27 75 | 25 65 | 19 80 | 50 50 | 28 05 | 26 15 | 19 20 | 53 30 | 29 25 | 27 15 | 20 80 |
| Schlestadt......... | 53 25 | 29 40 | 27 30 | 21 05 | 53 85 | 29 70 | 27 80 | 20 45 | 56 65 | 30 90 | 28 80 | 22 05 |
| Colmar............. | » | » | » | » | 55 70 | 30 65 | 28 75 | 21 15 | 58 50 | 31 85 | 29 75 | 22 75 |
| Bollwiller.......... | » | » | » | » | 54 40 | 30 » | 28 10 | 20 65 | 57 20 | 31 20 | 29 10 | 22 25 |
| Thann.............. | » | » | » | » | 54 65 | 30 10 | 28 20 | 20 75 | 57 45 | 31 30 | 29 20 | 22 35 |
| Wesserling......... | » | » | » | » | 55 70 | 30 65 | 28 75 | 21 15 | 58 50 | 31 85 | 29 75 | 22 75 |
| Mulhouse........... | » | » | » | » | 53 10 | 29 35 | 27 45 | 20 15 | 55 90 | 30 55 | 28 45 | 21 75 |
| Bâle............... | » | » | » | » | 55 75 | 30 70 | 28 80 | 21 15 | 58 55 | 31 90 | 29 80 | 22 75 |
| Vendeuvre.......... | » | » | » | » | 39 45 | 22 60 | 20 60 | 15 05 | » » | » » | » » | » » |
| Bar-sur-Aube....... | » | » | » | » | 37 75 | 22 60 | 19 80 | 14 40 | 40 55 | 23 80 | 20 80 | 16 » |
| Clairvaux.......... | » | » | » | » | 36 70 | 22 60 | 19 25 | 14 » | 39 50 | 23 80 | 20 25 | 15 60 |
| Gray............... | » | » | | » | 42 10 | 23 85 | 21 95 | 16 05 | 44 90 | 25 05 | 22 95 | 17 65 |
| Belfort............ | » | » | » | » | 49 30 | 27 45 | 25 55 | 18 75 | 52 10 | 28 65 | 26 55 | 20 35 |

Pour les stations sans indication de prix, les transports ont lieu par Paris (voir page 68).

| DES STATIONS ci-contre AUX STATIONS ci-après, *et vice versâ.* | MOUSCRON, ARMENTIÈRES. | | | | BÉTHUNE. | | | | HAZEBROUCK, DUNKERQUE, SAINT-OMER, CALAIS. | | | |
|---|---|---|---|---|---|---|---|---|---|---|---|---|
| | 1re SÉRIE. | 2e SÉRIE. | 3e SÉRIE. | 4e SÉRIE. | 1re SÉRIE. | 2e SÉRIE. | 3e SÉRIE. | 4e SÉRIE. | 1re SÉRIE. | 2e SÉRIE. | 3e SÉRIE. | 4e SÉRIE. |
| Reims | 24 45 | 16 10 | 12 30 | 9 80 | 24 45 | 16 10 | 12 30 | 9 80 | 27 15 | 17 40 | 12 80 | 10 75 |
| Rethel | 27 70 | 18 40 | 13 75 | 10 85 | 27 70 | 18 40 | 13 75 | 10 85 | 30 40 | 19 70 | 14 25 | 11 80 |
| Boulzicourt | 31 30 | 19 90 | 15 35 | 12 05 | 31 30 | 19 90 | 15 35 | 12 05 | 34 » | 21 20 | 15 85 | 13 » |
| Mohon | 31 70 | 19 90 | 15 60 | 12 25 | 31 70 | 19 90 | 15 60 | 12 25 | 34 40 | 21 20 | 16 10 | 13 20 |
| Mézières-Charleville | 31 70 | 19 90 | 15 70 | 12 35 | 31 70 | 19 90 | 15 70 | 12 35 | 34 40 | 21 20 | 16 20 | 13 30 |
| Nouzon | 31 70 | 19 90 | 16 » | 12 55 | 31 70 | 19 90 | 16 » | 12 55 | 34 40 | 21 20 | 16 50 | 13 50 |
| Braux | 31 95 | 20 05 | 16 30 | 12 80 | 31 95 | 20 05 | 16 30 | 12 80 | 34 65 | 21 35 | 16 80 | 13 75 |
| Monthermé | 32 10 | 20 15 | 16 40 | 12 85 | 32 10 | 20 15 | 16 40 | 12 85 | 34 80 | 21 45 | 16 90 | 13 80 |
| Deville | 32 40 | 20 35 | 16 55 | 12 95 | 32 40 | 20 35 | 16 55 | 12 95 | 35 10 | 21 65 | 17 05 | 13 90 |
| Revin | 33 40 | 20 95 | 17 05 | 13 35 | 33 40 | 20 95 | 17 05 | 13 35 | 36 10 | 22 25 | 17 55 | 14 30 |
| Fumay | 33 95 | 21 30 | 17 30 | 13 55 | 33 95 | 21 30 | 17 30 | 13 55 | 36 65 | 22 60 | 17 80 | 14 50 |
| Vireux | 35 » | 21 95 | 17 85 | 13 95 | 35 » | 21 95 | 17 85 | 13 95 | 37 70 | 23 25 | 18 35 | 14 90 |
| Givet | 35 80 | 22 45 | 18 25 | 14 25 | 35 80 | 22 45 | 18 25 | 14 25 | 38 50 | 23 75 | 18 75 | 15 20 |
| Nouvion-sur-Meuse | 31 70 | 19 90 | 15 90 | 12 50 | 31 70 | 19 90 | 15 90 | 12 50 | 34 40 | 21 20 | 16 40 | 13 45 |
| Donchery | 31 70 | 19 90 | 16 15 | 12 65 | 31 70 | 19 90 | 16 15 | 12 65 | 34 40 | 21 20 | 16 65 | 13 60 |
| Sedan | 31 95 | 20 05 | 16 30 | 12 80 | 31 95 | 20 05 | 16 30 | 12 80 | 34 65 | 21 35 | 16 80 | 13 75 |
| Bazeilles | 32 50 | 20 40 | 16 60 | 13 » | 32 50 | 20 40 | 16 60 | 13 » | 35 20 | 21 70 | 17 10 | 13 95 |
| Douzy | 32 75 | 20 55 | 16 70 | 13 10 | 32 75 | 20 55 | 16 70 | 13 10 | 35 45 | 21 85 | 17 20 | 14 05 |
| Pourru-Brévilly | 33 05 | 20 75 | 16 90 | 13 20 | 33 05 | 20 75 | 16 90 | 13 20 | 35 75 | 22 05 | 17 40 | 14 15 |
| Carignan | 33 80 | 21 20 | 17 25 | 13 50 | 33 80 | 21 20 | 17 25 | 13 50 | 36 50 | 22 50 | 17 75 | 14 45 |
| Margut | 34 40 | 21 60 | 17 55 | 13 70 | 34 40 | 21 60 | 17 55 | 13 70 | 37 10 | 22 90 | 18 05 | 14 65 |
| Lamouilly | 34 90 | 21 90 | 17 80 | 13 90 | 34 90 | 21 90 | 17 80 | 13 90 | 37 60 | 23 20 | 18 30 | 14 85 |
| Chauvency | 35 45 | 22 25 | 18 10 | 14 10 | 35 45 | 22 25 | 18 10 | 14 10 | 38 15 | 23 55 | 18 60 | 15 05 |
| Montmédy | 35 85 | 22 50 | 18 30 | 14 25 | 35 85 | 22 50 | 18 30 | 14 25 | 38 55 | 23 80 | 18 80 | 15 20 |
| Vezin | 36 80 | 23 10 | 18 75 | 14 60 | 36 80 | 23 10 | 18 75 | 14 60 | 39 50 | 24 40 | 19 25 | 15 55 |
| Longuyon | 37 55 | 23 55 | 19 10 | 14 90 | 37 55 | 23 55 | 19 10 | 14 90 | 40 25 | 24 85 | 19 60 | 15 85 |
| Cons-la-Granville | 38 40 | 24 10 | 19 55 | 15 20 | 38 40 | 24 10 | 19 55 | 15 20 | 41 10 | 25 40 | 20 05 | 16 15 |
| Longwy | 38 80 | 24 35 | 19 75 | 15 35 | 38 80 | 24 35 | 19 75 | 15 35 | 41 50 | 25 65 | 20 25 | 16 30 |
| Pierrepont | 38 25 | 24 » | 19 50 | 15 15 | 38 25 | 24 » | 19 50 | 15 15 | 40 95 | 25 30 | 20 » | 16 10 |
| Joppécourt | 39 » | 24 40 | 19 85 | 15 45 | 39 » | 24 40 | 19 85 | 15 45 | 41 70 | 26 70 | 20 35 | 16 40 |
| Audun-le-Roman | 39 55 | 24 40 | 20 10 | 15 65 | 39 55 | 24 40 | 20 10 | 15 65 | 42 25 | 25 70 | 20 60 | 16 60 |
| Fontoy | 40 20 | 24 40 | 20 45 | 15 90 | 40 20 | 24 40 | 20 45 | 15 90 | 42 90 | 25 70 | 20 95 | 16 85 |
| Hayange | 40 80 | 24 40 | 20 75 | 16 10 | 40 80 | 24 40 | 20 75 | 16 10 | 43 50 | 25 70 | 21 25 | 17 05 |
| Thionville | 41 45 | 24 40 | 21 10 | 16 35 | 41 45 | 24 40 | 21 10 | 16 35 | 44 15 | 25 70 | 21 60 | 17 30 |
| Châlons-sur-Marne | 29 25 | 18 75 | 14 45 | 11 40 | 29 25 | 18 75 | 14 45 | 11 40 | 31 95 | 20 05 | 14 95 | 12 35 |
| Saint-Dizier | 33 15 | 20 80 | 16 90 | 13 25 | 33 15 | 20 80 | 16 90 | 13 25 | 35 85 | 22 10 | 17 40 | 13 20 |
| Eurville | 34 » | 21 35 | 17 35 | 13 55 | 34 » | 21 35 | 17 35 | 13 55 | 36 70 | 22 65 | 17 85 | 14 30 |
| Chevillon | 34 65 | 21 75 | 17 70 | 13 80 | 34 65 | 21 75 | 17 70 | 13 80 | 37 35 | 23 05 | 18 20 | 14 75 |
| Joinville | 35 55 | 22 30 | 18 10 | 14 15 | 35 55 | 22 30 | 18 10 | 14 15 | 38 25 | 23 60 | 18 60 | 15 10 |

| DES STATIONS ci-contre AUX STATIONS ci-après *et vice versâ.* | MOUSCRON, ARMENTIÈRES. | | | | BÉTHUNE. | | | | HAZEBROUCK, DUNKERQUE, SAINT-OMER, CALAIS. | | | |
|---|---|---|---|---|---|---|---|---|---|---|---|---|
| | 1re SÉRIE. | 2e SÉRIE. | 3e SÉRIE. | 4e SÉRIE. | 1re SÉRIE. | 2e SÉRIE. | 3e SÉRIE. | 4e SÉRIE. | 1re SÉRIE. | 2e SÉRIE. | 3e SÉRIE. | 4e SÉRIE. |
| Donjeux | 36 25 | 22 75 | 18 50 | 14 40 | 36 25 | 22 75 | 18 50 | 14 40 | 38 95 | 21 05 | 19 » | 15 35 |
| Vignory | 37 20 | 23 35 | 18 95 | 14 75 | 37 20 | 23 35 | 18 95 | 14 75 | 39 90 | 24 65 | 19 45 | 15 70 |
| Bologne | 37 85 | 23 75 | 19 30 | 15 » | 37 85 | 23 75 | 19 30 | 15 » | 40 55 | 25 05 | 19 80 | 15 95 |
| Sermaize | 32 90 | 20 65 | 16 80 | 13 15 | 32 90 | 20 65 | 16 80 | 13 15 | 35 60 | 21 95 | 17 30 | 14 10 |
| Révigny | 33 45 | 21 » | 17 10 | 13 35 | 33 45 | 21 » | 17 10 | 13 35 | 36 15 | 22 30 | 17 60 | 14 30 |
| Mussey | 34 » | 21 35 | 17 35 | 13 55 | 34 » | 21 35 | 17 35 | 13 55 | 36 70 | 22 65 | 17 85 | 14 50 |
| Bar-le-Duc | 34 65 | 21 75 | 17 70 | 13 80 | 34 65 | 21 75 | 17 70 | 13 80 | 37 35 | 23 05 | 18 20 | 14 75 |
| Nançois-le-Petit | 35 60 | 22 35 | 18 15 | 14 15 | 35 60 | 22 35 | 18 15 | 14 15 | 38 30 | 23 65 | 18 65 | 15 10 |
| Commercy | 37 95 | 23 80 | 19 30 | 15 05 | 37 95 | 23 80 | 19 30 | 15 05 | 40 65 | 25 10 | 19 80 | 16 » |
| Vaucouleurs-Pagny | 39 05 | 24 40 | 19 90 | 15 45 | 39 05 | 24 40 | 19 90 | 15 45 | 41 75 | 25 70 | 20 40 | 16 40 |
| Toul | 39 95 | 24 40 | 20 30 | 15 80 | 39 95 | 24 40 | 20 70 | 15 80 | 42 65 | 25 70 | 20 80 | 16 75 |
| Liverdun | 41 40 | 24 40 | 21 05 | 16 35 | 41 40 | 24 40 | 21 05 | 16 35 | 44 10 | 25 70 | 21 55 | 17 30 |
| Frouard | 41 95 | 24 40 | 21 30 | 16 55 | 41 95 | 24 40 | 21 30 | 16 55 | 44 65 | 25 70 | 21 80 | 17 50 |
| Pont-à-Mousson | 43 40 | 24 40 | 22 05 | 17 10 | 43 40 | 24 40 | 22 05 | 17 10 | 46 10 | 25 70 | 22 55 | 18 05 |
| Novéant | 44 60 | 24 85 | 22 65 | 17 55 | 44 60 | 24 85 | 22 65 | 17 55 | 47 30 | 26 15 | 23 15 | 18 50 |
| Ars-sur-Moselle | 44 10 | 24 60 | 22 40 | 17 35 | 44 10 | 24 60 | 22 40 | 17 35 | 46 80 | 25 90 | 22 90 | 18 30 |
| Metz | 43 95 | 24 50 | 22 30 | 17 30 | 43 95 | 24 50 | 22 30 | 17 30 | 46 65 | 25 80 | 22 80 | 18 25 |
| Hagondange | 32 20 | 24 40 | 21 45 | 16 65 | 32 20 | 24 40 | 21 45 | 16 65 | 44 90 | 25 70 | 21 95 | 17 60 |
| Ebange | 41 45 | 24 40 | 21 10 | 16 35 | 41 45 | 24 40 | 21 10 | 16 35 | 44 15 | 25 70 | 21 60 | 17 30 |
| Frontière (Guill.-Lux.) | 42 75 | 24 40 | 21 70 | 16 85 | 42 75 | 24 40 | 21 70 | 16 85 | 45 45 | 25 70 | 22 20 | 17 80 |
| Hombourg | 48 25 | 26 70 | 24 50 | 18 90 | 48 25 | 26 70 | 24 50 | 18 90 | 50 95 | 28 » | 25 » | 19 85 |
| Styring-Wendel | 49 45 | 27 30 | 25 10 | 19 35 | 49 45 | 27 30 | 25 10 | 19 35 | 52 15 | 28 60 | 25 60 | 20 30 |
| Nancy | 32 65 | 24 40 | 21 70 | 16 80 | 32 65 | 24 40 | 21 70 | 16 80 | 45 35 | 25 70 | 22 20 | 17 75 |
| Xertigny | 50 » | 27 55 | 25 35 | 19 55 | 50 » | 27 55 | 25 35 | 19 55 | 52 70 | 28 85 | 25 85 | 20 50 |
| Bains | 50 35 | 27 70 | 25 50 | 19 70 | 50 35 | 27 70 | 25 50 | 19 70 | 53 05 | 29 » | 26 » | 20 65 |
| Sarrebourg | 48 90 | 27 » | 24 80 | 19 15 | 48 90 | 27 » | 24 80 | 19 15 | 51 60 | 28 30 | 25 30 | 20 10 |
| Saverne | 51 05 | 28 10 | 25 90 | 19 95 | 51 05 | 28 10 | 25 90 | 19 95 | 53 75 | 29 40 | 26 40 | 20 90 |
| Haguenau | 55 55 | 30 30 | 28 10 | 21 65 | 55 55 | 30 30 | 28 10 | 21 65 | 58 25 | 31 60 | 28 60 | 22 60 |
| Wissembourg | 58 20 | 31 65 | 29 45 | 22 65 | 58 20 | 31 65 | 29 45 | 22 65 | 60 90 | 32 95 | 29 95 | 23 60 |
| Strasbourg | 54 60 | 29 85 | 27 65 | 21 30 | 54 60 | 29 85 | 27 65 | 21 30 | 57 30 | 31 15 | 28 15 | 22 25 |
| Schlestadt | 57 95 | 31 50 | 29 30 | 22 55 | 57 95 | 31 50 | 29 30 | 22 55 | 60 65 | 32 80 | 29 80 | 23 50 |
| Colmar | 59 80 | 32 45 | 30 25 | 23 25 | 59 80 | 32 45 | 30 25 | 23 25 | 62 50 | 33 75 | 30 75 | 24 20 |
| Bollwiller | 58 50 | 31 80 | 29 60 | 22 75 | 58 50 | 31 80 | 29 60 | 22 75 | 61 20 | 33 10 | 30 10 | 23 70 |
| Thann | 58 75 | 31 90 | 29 70 | 22 85 | 58 75 | 31 90 | 29 70 | 22 85 | 61 45 | 33 20 | 30 20 | 23 80 |
| Wesserling | 59 80 | 32 45 | 30 25 | 23 25 | 59 80 | 32 45 | 30 25 | 23 25 | 62 50 | 33 75 | 30 75 | 24 20 |
| Mulhouse | 57 20 | 31 15 | 28 95 | 22 25 | 57 20 | 31 15 | 28 95 | 22 25 | 59 90 | 32 45 | 29 45 | 23 20 |
| Bâle | 59 85 | 32 50 | 30 30 | 23 25 | 59 85 | 32 50 | 30 30 | 23 25 | 62 55 | 33 80 | 30 80 | 24 20 |
| Vendeuvre | » | » | » | » | » | » | » | » | » | » | » | » |
| Bar-sur-Aube | 41 85 | 24 40 | 21 30 | 16 50 | » | » | » | » | » | » | » | » |
| Clairvaux | 40 80 | 24 40 | 20 75 | 16 10 | 40 80 | 24 40 | 20 75 | 16 10 | 43 50 | 25 70 | 21 25 | 17 05 |
| Gray | 46 20 | 25 65 | 23 45 | 18 15 | 46 20 | 25 65 | 23 45 | 18 15 | 48 90 | 26 95 | 23 95 | 19 10 |
| Belfort | 53 40 | 29 25 | 27 05 | 20 85 | 53 40 | 29 25 | 27 05 | 20 85 | 55 10 | 30 55 | 27 55 | 21 80 |

Pour les stations sans indication de prix, les transports ont lieu par Paris (voir page [illegible]).

| DES STATIONS ci-contre AUX STATIONS ci-après, *et vice versâ.* | BOULOGNE, 1re SÉRIE. | 2e SÉRIE. | 3e SÉRIE. | 4e SÉRIE. |
|---|---|---|---|---|
| Reims | 27 15 | 17 40 | 12 80 | 10 75 |
| Rethel | 30 40 | 19 70 | 14 25 | 11 80 |
| Boulzicourt | 34 » | 21 20 | 15 85 | 13 » |
| Mohon | 34 40 | 21 20 | 16 10 | 13 20 |
| Mézières-Charleville | 34 40 | 21 20 | 16 20 | 13 30 |
| Nouzon | 34 40 | 21 20 | 16 50 | 13 50 |
| Braux | 34 65 | 21 35 | 16 80 | 13 75 |
| Monthermé | 34 80 | 21 45 | 16 90 | 13 80 |
| Deville | 35 10 | 21 65 | 17 05 | 13 90 |
| Revin | 36 10 | 22 25 | 17 55 | 14 30 |
| Fumay | 36 65 | 22 60 | 17 80 | 14 50 |
| Vireux | 37 70 | 23 25 | 18 35 | 14 90 |
| Givet | 38 50 | 23 75 | 18 75 | 15 20 |
| Nouvion-sur-Meuse | 34 40 | 21 20 | 16 40 | 13 45 |
| Donchery | 34 40 | 21 20 | 16 65 | 13 60 |
| Sedan | 34 65 | 21 35 | 16 80 | 13 75 |
| Bazeilles | 35 20 | 21 70 | 17 10 | 13 95 |
| Douzy | 35 45 | 21 85 | 17 20 | 14 05 |
| Pourru-Brévilly | 35 75 | 22 05 | 17 40 | 14 15 |
| Carignan | 36 50 | 22 50 | 17 75 | 14 45 |
| Margut | 37 10 | 22 90 | 18 05 | 14 65 |
| Lamouilly | 37 60 | 23 20 | 18 30 | 14 85 |
| Chauvency | 38 15 | 23 55 | 18 60 | 15 05 |
| Montmédy | 38 55 | 23 80 | 18 80 | 15 20 |
| Vezin | 39 50 | 24 40 | 19 25 | 15 55 |
| Longuyon | 40 25 | 24 85 | 19 60 | 15 85 |
| Cons-la-Granville | 41 10 | 25 40 | 20 05 | 16 15 |
| Longwy | 41 50 | 25 65 | 20 25 | 16 30 |
| Pierrepont | 40 95 | 25 30 | 20 » | 16 10 |
| Joppécourt | 41 70 | 25 70 | 20 35 | 16 40 |
| Audun-le-Roman | 42 25 | 25 70 | 20 60 | 16 60 |
| Fontoy | 42 90 | 25 70 | 20 95 | 16 85 |
| Hayange | 43 50 | 25 70 | 21 25 | 17 05 |
| Thionville | 44 15 | 25 70 | 21 60 | 17 30 |
| Châlons-sur-Marne | 31 95 | 20 05 | 14 95 | 12 35 |
| Saint-Dizier | 35 85 | 22 10 | 17 40 | 13 20 |
| Eurville | 36 70 | 22 65 | 17 85 | 14 30 |
| Chevillon | 37 35 | 23 05 | 18 20 | 14 75 |
| Joinville | 38 25 | 23 60 | 18 60 | 15 10 |
| Donjeux | 38 95 | 24 05 | 19 » | 15 35 |
| Vignory | 39 90 | 24 65 | 19 45 | 15 70 |

| DES STATIONS ci-contre AUX STATIONS ci-après, *et vice versâ.* | BOULOGNE. 1re SÉRIE. | 2e SÉRIE. | 3e SÉRIE. | 4e SÉRIE. |
|---|---|---|---|---|
| Bologne | » | » | » | » |
| Sermaize | 35 60 | 21 95 | 17 30 | 14 10 |
| Révigny | 36 15 | 22 30 | 17 60 | 14 30 |
| Mussey | 36 70 | 22 65 | 17 85 | 14 50 |
| Bar-le-Duc | 37 35 | 23 05 | 18 20 | 14 75 |
| Nançois-le-Petit | 38 30 | 23 65 | 18 65 | 15 10 |
| Commercy | 40 65 | 25 10 | 19 80 | 16 » |
| Vaucouleurs-Pagny | 41 75 | 25 70 | 20 40 | 16 40 |
| Toul | 42 65 | 25 70 | 20 80 | 16 75 |
| Liverdun | 44 10 | 25 70 | 21 55 | 17 30 |
| Frouard | 44 65 | 25 70 | 21 80 | 17 50 |
| Pont-à-Mousson | 46 10 | 25 70 | 22 55 | 18 05 |
| Novéant | 47 30 | 25 15 | 23 15 | 18 50 |
| Ars-sur-Moselle | 46 80 | 25 90 | 22 90 | 18 30 |
| Metz | 46 65 | 25 80 | 22 80 | 18 25 |
| Hagondange | 44 90 | 25 70 | 21 95 | 17 60 |
| Ebange | 44 15 | 25 70 | 21 60 | 17 30 |
| Frontière (Guill.-Lux.) | 45 45 | 25 70 | 22 20 | 17 80 |
| Hombourg | 50 95 | 28 » | 25 » | 19 85 |
| Styring-Wendel | 52 15 | 28 60 | 25 60 | 20 30 |
| Nancy | 45 35 | 25 70 | 22 20 | 17 75 |
| Xertigny | 52 70 | 28 85 | 25 85 | 20 50 |
| Bains | 53 05 | 29 » | 26 » | 20 65 |
| Sarrebourg | 51 60 | 28 30 | 25 30 | 20 10 |
| Saverne | 53 75 | 29 40 | 26 40 | 20 90 |
| Haguenau | 58 25 | 31 60 | 28 60 | 22 60 |
| Wissenbourg | 60 90 | 32 95 | 29 95 | 23 60 |
| Strasbourg | 57 30 | 31 15 | 28 15 | 22 25 |
| Schlestadt | 60 65 | 32 80 | 29 80 | 23 50 |
| Colmar | » | » | » | » |
| Bollwiller | » | » | » | » |
| Thann | » | » | » | » |
| Wesserling | » | » | » | » |
| Mulhouse | » | » | » | » |
| Bâle | » | » | » | » |
| Vendeuvre | » | » | » | » |
| Bar-sur-Aube | » | » | » | » |
| Clairvaux | » | » | » | » |
| Gray | » | » | » | » |
| Belfort | » | » | » | » |

**Nota.** — *Les expéditions de ou pour une station non dénommée, comprise entre deux stations dénommées, jouiront du bénéfice du présent Tarif, en payant pour la distance entière, depuis la dernière station dénommée située avant le lieu du départ jusqu'à la première station dénommée située après le lieu de destination, si la taxe ainsi calculée est plus avantageuse pour les expéditeurs que celle des Tarifs généraux ou spéciaux des Compagnies.*

*Les expéditions partielles seront taxées comme expéditions par wagon complet, en payant une taxe calculée sur un poids minimum de 5,000 kilogrammes, lorsqu'il y aura également avantage pour les expéditeurs.*

Pour les stations sans indication de prix, les transports ont lieu par Paris (voir page 68).

## CONDITIONS.

Les Compagnies se réservent le droit de dépasser de huit jours les délais réglementaires pour le transport des marchandises à petite vitesse, sans que, pour ce surcroît de délai, elles soient soumises à aucune indemnité.

La Compagnie expéditrice seule perçoit un droit d'enregistrement de 10 centimes par expédition.

Le transport des fontes moulées et d'ornement non spécialement dénommées dans la 2e série du présent Tarif devra toujours être effectué dans des cages ou caisses construites par les soins et aux frais des expéditeurs, de manière à pouvoir être chargées sur des plâtes-formes, faute de quoi ces fontes seront taxées d'après les prix et conditions des Tarifs généraux des deux Compagnies.

La taxe des expéditions faites en cages sera appliquée sur le poids brut réduit de 10 p. 100 pour la tare, à l'exception des expéditions faites en 2e série qui seront taxées au poids brut.

La taxe des expéditions faites en caisses ou en tonneaux sera appliquée sur le poids brut réduit de 5 p. 100 pour la tare, à l'exception des expéditions faites en 2e série qui seront taxées au poids brut.

Les Cadres, Cages et les Caisses vides ayant servi sur les deux chemins au transport des marchandises désignées dans le présent Tarif et remis démontés, de manière à ne tenir que peu de place sur les wagons, ne seront soumis au retour jusqu'à leur station de départ qu'à la perception des droits d'enregistrement et de timbre, soit : 0 fr. 60 si ces emballages sont accompagnés d'une lettre de voiture ou d'une facture de transport au timbre de 0 fr. 50 c. ; soit : 0 fr. 30 c. si ces emballages font seulement l'objet d'un récépissé au timbre de 0 fr. 20 c.

*Les bâches accompagnant les cages devront être enroulées de façon à ne former qu'un seul colis avec la cage.*

Ce transport n'aura lieu qu'autant que l'expéditeur pourra justifier par un bulletin au moment de l'expédition des emballages vides que le transport de la marchandise qu'ils ont renfermée a bien été effectué par les deux Compagnies. Les bulletins sont fournis aux expéditeurs par la station de départ de la marchandise. Tout bulletin de retour, ayant plus de deux mois de date, cessera d'être valable, et sera considéré comme nul.

Les expéditeurs et les destinataires devront se conformer aux prescriptions des deux Compagnies, à l'égard des bulletins de retour.

Les Compagnies ne répondent pas des déchets et des avaries de route.

Pour les fontes brutes en saumons, massiaux ou sapots, les Compagnies ne seront responsables de la différence qui pourrait exister entre le poids constaté au départ et le poids constaté à l'arrivée, qu'autant que cette différence excéderait de 1 p. 100 le poids constaté au départ, la tare de 1 p. 100 représentant le sable ou matières analogues dont les fontes brutes en saumons, massiaux ou sapots, sont fréquemment recouvertes ; ces marchandises devront ailleurs porter, pour éviter toute confusion, la marque apparente de l'expéditeur.

Les prix de transport fixés ci-dessus ne sont applicables qu'aux masses indivisibles pesant moins de 3,000 kilogrammes et aux objets dont la longueur n'excède pas 6 mètres 50.

Les Compagnies acceptent toutefois les objets en fer et en fonte dont la longueur excède 6 mètres 50 sans dépasser 22 mètres. — Dans ce cas les taxes perçues par les Compagnies sont les suivantes :

1° Pour les objets qui exigent l'emploi de deux wagons, c'est-à-dire pour les objets dont la longueur excède 6 mètres 50 et ne dépasse pas 13 mètres ;

Simple perception des prix fixés dans le Tarif ci-dessus, mais à la condition que l'expéditeur complétera le chargement de chaque wagon avec d'autres produits, de façon à ce que la taxe soit calculée sur au moins 5,000 kilogrammes par wagon ;

2° Pour les objets dont la longueur excède 13 mètres et ne dépasse pas 22 mètres.

Le prix de la 1re série des Tarifs généraux des deux Compagnies pour les transports à petite vitesse.

Les masses indivisibles, pesant 3,000 kilogr. et au-dessus, sont taxées d'après les prix et conditions fixés dans l'article 12 des Tarifs généraux des deux Compagnies pour les transports à petite vitesse.

Il sera loisible aux expéditeurs et aux destinataires de faire eux-mêmes le chargement et le déchargement des marchandises dénommées aux 3e et 4e séries ; il leur sera fait remise de 0 fr. 30 c. par tonne pour chaque opération faite par leurs soins et à leurs frais.

Lorsque les Compagnies seront chargées par les expéditeurs et les destinataires d'effectuer le chargement et le déchargement des objets en fer et en fonte dépassant 6 mètres 50 de longueur, il sera traité de gré à gré pour ces opérations.

Les expéditeurs ont toujours le choix entre les prix et conditions du présent Tarif commun spécial, et les prix et conditions des Tarifs généraux ou spéciaux de chaque Compagnie.

L'application du présent Tarif commun reste d'ailleurs soumise aux conditions des Tarifs généraux des deux Compagnies en tout ce qui n'est pas contraire aux dispositions qui précèdent.

**AVIS IMPORTANT.** — *Les prix du présent Tarif commun spécial ne seront appliqués qu'autant que l'expéditeur en aura fait la demande expresse sur sa déclaration ; à défaut de cette demande préalable, l'expédition sera taxée de droit aux prix et conditions des Tarifs généraux des deux Compagnies*

## CHEMINS DE FER DE L'EST ET DU NORD.

### TRANSPORTS A PETITE VITESSE.

# TARIF COMMUN SPÉCIAL P. V. N° 16

POUR LE TRANSPORT

# DES CARREAUX DE MEULES

Par wagon chargé d'au moins 5,000 kilogrammes, ou payant pour ce poids s'il y a avantage pour l'Expéditeur.

PRIX PAR 1,000 KILOGRAMMES, DE GARE EN GARE,
*Y compris les frais de gare tant au départ et à l'arrivée qu'au point de jonction.*

| De la FERTÉ-SOUS-JOUARRE AUX STATIONS CI-APRÈS. | DISTANCES. | PRIX. |
|---|---|---|
| LILLE | 317 | 10 fr. 60 c. |
| DUNKERQUE | 399 | 10 fr. 60 c. |
| CALAIS | 420 | 10 fr. 60 c. |
| SAINT-VALERY | 260 | 10 fr. 60 c. |
| BOULOGNE | 319 | 10 fr. 60 c. |

**Nota.** — *Les expéditions* de ou pour *une station non dénommée ci-dessus, comprise entre deux stations dénommées, jouiront du bénéfice du présent Tarif commun, en payant pour la distance entière, depuis la dernière station dénommée, située avant le lieu de départ, jusqu'à la première station dénommée située après le lieu de destination, si la taxe, ainsi calculée, est plus avantageuse pour les expéditeurs que celle des Tarifs généraux ou spéciaux de chaque Compagnie.*

## CONDITIONS.

Les Compagnies se réservent le droit de dépasser de 10 jours les délais réglementaires pour le transport des marchandises à petite vitesse, sans que, pour ce surcroît de délai, elles soient soumises à aucune indemnité.

La Compagnie expéditrice seule perçoit un droit d'enregistrement de 0,10 c. par expédition.

Les Compagnies ne répondent pas des déchets et avaries de route.

Les expéditeurs ont toujours le choix entre les prix et conditions du présent Tarif commun spécial et les prix et conditions des Tarifs particuliers aux deux Compagnies.

Le chargement et le déchargement doivent être faits par les soins et aux frais des expéditeurs et des destinataires.

L'application du présent Tarif commun spécial reste soumise aux conditions des Tarifs particuliers aux deux Compagnies, en tout ce qui n'est pas contraire aux dispositions qui précèdent.

**Avis important.** — *Les prix du présent Tarif commun spécial ne seront appliqués qu'autant que l'expéditeur en aura fait la demande expresse, sur sa déclaration. A défaut de cette demande préalable, l'expédition sera taxée de droit aux prix et conditions des Tarifs généraux de chaque Compagnie.*

## CHEMINS DE FER DE L'EST ET DU NORD.

### TRANSPORT A PETITE VITESSE.

# TARIF COMMUN SPÉCIAL P. V. N° 17.

### DÉSIGNATION DES MARCHANDISES :

**A**rdoises pour toiture. — Argile. — Asphalte. — **B**aryte. — Betteraves. — Bitumes solides. — Blanc d'Espagne, de Meudon et de Troyes. — Bois à brûler. — Bois de charpente. — Bondes. — Bourrées (1). — **C**adres pour emballages, démontés ou vides. — Cages démontées ou vides. — Cailloux. — Caisses démontés ou vides. — Calcaire asphaltique en moellons. — Carreaux en terre cuite. — Castine. — Cercles en bois. — Chaux en sacs ou en tonneaux. — Chevrons. — Ciment. — Clappes. — Coins en bois. — Cotrets. — Craie. — Cuviers en bois. — **D**alles de granit. — Dalles de pierre. — Déchets de corne ou d'os. — Déchets de cuir. — Déchets de peaux. — Douelles. — Douves. — **E**chalas. — Ecorces à brûler. — Escarbilles. — **F**agots. — Feuilles pour engrais. — Foin. — Foudres démontés ou vides. — Fourrages secs. — Fourrages verts. — Fûts vides. — **G**lace (eau congelée). — Goudron. — Granit. — Gravier. — Groisil. — **K**aolin. — **L**attes. — **M**adriers. — Manganèse. — Marne. — Matériaux pour la construction et l'entretien des routes. — Mâts. — Merrains. — Meulières. — Moellons. — Mottes à brûler. — **N**oir animal en sacs. — **O**s bruts en sacs. — Os concassés en sacs. — Os en poudre. — Osier. — **P**ailles non dénommées. — Perches. — Phosphate de chaux pour engrais. — Pierres à chaux. — Pipes (fûts) démontées ou vides. — Planches en bois. — Pommes de terre. — Poteaux en bois. — Poussier de charbon. — Poutres en bois. — Poutrelles en bois. — Pouzzolane. — Pulpes de betteraves. — **Q**uartz. — **R**acines à brûler. — Résidus de betteraves. — Rognures de cuir. — Rondins. — **S**able. — Sabots de bétail. — Sarments. — Sciure de bois. — Scories ou résidus d'usines métallurgiques. — Solives. — Souches à brûler. — Spath fluor. — Sulfate de baryte. — **T**erre à pipe. — Terre à poterie. — Terre de bruyère. — Terre réfractaire. — Terre végétale. — Tonneaux démontés ou vides. — Tourbe. — Tourteaux. — Traverses pour chemins de fer. — Treillages en bois. — **V**erres cassés. — Vieilles chaussures. — Voliges.

Par wagon chargé d'au moins 5,000 kilogrammes en payant pour ce poids, s'il y a avantage pour l'expéditeur.

### PRIX DE TRANSPORT :

De la gare de **Paris** (La Chapelle) à la gare de **Reims**, *et vice versâ*, **158** kilom. **8** fr. **30** cent. par 1,000 kil. y compris les frais de gare, tant au départ et à l'arrivée qu'au point de jonction.

**NOTA.** — Pour les parcours intermédiaires entre **Paris** (La Chapelle) et **Reims**, la taxe ne pourra, dans aucun cas, être supérieure à celle du présent tarif.

### CONDITIONS.

Les Compagnies se réservent le droit de dépasser de huit jours les délais réglementaires pour le transport des marchandises à petite vitesse, sans que, pour ce surcroît de délai elles soient soumises à aucune indemnité.

La Compagnie expéditrice seule perçoit un droit d'enregistrement de 10 centimes par expédition.

Le chargement et le déchargement doivent être faits par les soins et aux frais des expéditeurs et des destinataires.

Si les Compagnies avaient à faire le chargement ou le déchargement des marchandises désignées dans le présent Tarif commun spécial elles percevraient, en sus du prix de 8 fr. 30 c. par 1,000 kilogr., 0 fr. 30 c. par tonne et par chaque opération.

Les Compagnies ne répondent pas des déchets et avaries de route.

Les bois dont la longueur n'excède pas 6 mètres 50 centimètres sont chargés sur un seul wagon.

La taxe est perçue sur un poids minimum de 5 tonnes. — Le poids total chargé sur le wagon ne doit pas dépasser 10 tonnes.

Les bois dont la longueur excède 6 mètres 50 centimètres et ne dépasse pas 22 mètres sont acceptés par les Compagnies dans les conditions suivantes :

1° Les bois dont la longueur excède 6 mètres 50 centimètres et ne dépasse pas 15 mètres, exigeant l'emploi de deux wagons, ne sont admis à jouir du bénéfice du présent Tarif commun spécial qu'autant que les expéditions sont remises par charge complète de 10 tonnes, à moins que le propriétaire de la marchandise ne paie une taxe calculée sur un minimum de 10 tonnes;

2° Les bois dont la longueur excède 15 mètres et ne dépasse pas 22 mètres, exigeant l'emploi de trois wagons ou de deux wagons P. à flèche, ne sont reçus que par charge complète de 15 tonnes, à moins que le propriétaire de la marchandise ne paie une taxe calculée sur un minimum de 15 tonnes.

Les Compagnies ne transportent par les bois dont la longueur excéderait 22 mètres.

Si les Compagnies avaient à faire le chargement ou le déchargement des pièces de bois dont la longueur n'excéderait pas 6 mètres 50 centimètres, elles percevraient, en sus du prix de 8 fr. 30 c. par 1,000 kilogr., 0 fr. 30 c. par tonne et par chaque opération.

Lorsque les Compagnies seront chargées par les expéditeurs et les destinataires d'effectuer le chargement et le déchargement des pièces de bois dépassant 6 mètres 50 centimètres de longueur, il sera traité de gré à gré pour ces opérations.

Les expéditeurs ont toujours le choix entre les prix et conditions du présent Tarif commun spécial et les prix et conditions des Tarifs généraux ou spéciaux de chaque Compagnie.

L'application du présent Tarif commun spécial reste d'ailleurs soumise aux conditions des Tarifs généraux de chaque Compagnie en tout ce qui n'est pas contraire aux dispositions qui précèdent.

**AVIS IMPORTANT.** — *Les prix du présent Tarif commun spécial ne seront appliqués qu'autant que l'expéditeur en aura fait la demande expresse sur sa déclaration ; à défaut de cette demande préalable, l'expédition sera taxée de droit aux prix et conditions des Tarifs généraux de chaque Compagnie.*

(1) Pour les bourrées, le minimum de poids par wagon est fixé à 4,000 kilog.

## CHEMINS DE FER DE L'EST ET DU NORD.

# TARIF COMMUN SPÉCIAL P. V. N° 18

pour le

## TRANSPORT DES ARDOISES

PAR WAGON CHARGÉ D'AU MOINS 5,000 KILOGRAMMES, OU EN PAYANT POUR CE POIDS S'IL Y A AVANTAGE POUR L'EXPÉDITEUR.

### PRIX PAR 1,000 KILOGRAMMES, DE GARE EN GARE,

*Y compris les frais de gare tant au départ et à l'arrivée qu'aux points de jonction.*

| DES STATIONS CI-CONTRE aux STATIONS CI-DESSOUS. | CHARLEVILLE. | | DEVILLE. FUMAY. VIREUX. SEDAN. | |
|---|---|---|---|---|
| Villers-Cotterets | 7 | 60 | 7 | 90 |
| Crépy-en-Valois | 8 | 25 | 8 | 55 |
| Dammartin-Juilly | 9 | 35 | 9 | 65 |
| Saint-Denis | 10 | 80 | 11 | 10 |
| Enghien | 11 | » | 11 | 30 |
| Pontoise | 11 | 70 | 12 | » |
| Auvers | 11 | 90 | 12 | 20 |
| Pierrefitte | 11 | » | 11 | 30 |
| Villiers-le-Bel | 11 | 15 | 11 | 45 |
| Louvres | 11 | 50 | 11 | 80 |
| Tergnier | 7 | 45 | 7 | 95 |
| Saint-Quentin | 8 | 35 | 8 | 85 |
| Busigny | 9 | 40 | 9 | 90 |
| Cambrai | 10 | 45 | 10 | 95 |
| Le Cateau | 9 | 80 | 10 | 30 |
| Maubeuge | 11 | 35 | 11 | 85 |
| Erquelines | 11 | 80 | 12 | 30 |
| Chauny | 7 | 70 | 8 | 20 |
| Noyon | 8 | 35 | 8 | 85 |
| Ribecourt | 8 | 75 | 9 | 25 |
| Compiègne | 9 | 30 | 9 | 80 |
| Verberie | 9 | 80 | 10 | 30 |
| Pont-Sainte-Maxence | 10 | 15 | 10 | 65 |
| Creil | 10 | 60 | 11 | 10 |
| Mouy-Bury | 11 | 25 | 11 | 75 |
| Beauvais | 12 | 10 | 12 | 60 |
| Beaumont | 11 | 45 | 11 | 95 |

| DES STATIONS CI-CONTRE aux STATIONS CI-DESSOUS. | CHARLEVILLE. | | DEVILLE. FUMAY. VIREUX. SEDAN. | |
|---|---|---|---|---|
| Ile-Adam | 11 | 75 | 12 | 25 |
| Chantilly | 11 | » | 11 | 50 |
| Senlis | 12 | 50 | 13 | » |
| Luzarches | 11 | 45 | 11 | 95 |
| Clermont | 11 | 20 | 11 | 70 |
| Saint-Just | 11 | 80 | 12 | 30 |
| Breteuil | 12 | 40 | 12 | 90 |
| Amiens | 13 | 80 | 14 | 30 |
| Hangest | 13 | 90 | 14 | 40 |
| Abbeville | 13 | 90 | 14 | 40 |
| Saint-Valery | 13 | 90 | 14 | 40 |
| Boulogne | 13 | 90 | 14 | 40 |
| Corbie | 13 | 90 | 14 | 40 |
| Albert | 13 | 90 | 14 | 40 |
| Achiet | 13 | 65 | 14 | 15 |
| Arras | 13 | » | 13 | 50 |
| Béthune | 13 | 80 | 14 | 30 |
| Douai | 12 | 05 | 12 | 55 |
| Somain | 11 | 45 | 11 | 95 |
| Valenciennes | 12 | 25 | 12 | 75 |
| Lille | 13 | 40 | 13 | 90 |
| Mouscron | 13 | 90 | 14 | 40 |
| Hazebrouck | 13 | 90 | 14 | 40 |
| Dunkerque | 13 | 90 | 14 | 40 |
| Saint-Omer | 13 | 90 | 14 | 40 |
| Calais | 13 | 90 | 14 | 40 |

**Nota.** — *Les expéditions* de ou pour *une station non dénommée ci-dessus, comprise entre deux stations dénommées, jouiront du bénéfice du présent Tarif commun en payant pour la distance entière, depuis la dernière station dénommée située avant le lieu de départ, jusqu'à la première station dénommée située après le lieu de destination, si la taxe, ainsi calculée, est plus avantageuse pour les expéditeurs que celle des Tarifs généraux ou spéciaux de chaque Compagnie.*

### CONDITIONS.

Les Compagnies se réservent le droit de dépasser de 8 jours les délais réglementaires pour le transport des marchandises à petite vitesse, sans que, pour ce surcroît de délai, elles soient soumises à aucune indemnité.

La Compagnie expéditrice seule perçoit un droit d'enregistrement de 0 fr. 10 c. par expédition.

Les Compagnies ne répondent pas des déchets et avaries de route.

Les expéditeurs ont toujours le choix entre les prix et conditions du présent Tarif et les prix et conditions des Tarifs particuliers aux deux Compagnies.

Le chargement et le déchargement seront faits par les soins et aux frais des expéditeurs ou des destinataires. Dans le cas où ces opérations ou l'une des deux seulement seraient faites par les Compagnies, celles-ci percevraient 0 fr. 30 c. par tonne et par chaque opération.

Les conditions des Tarifs généraux des deux Compagnies, non contraires aux dispositions particulières qui précèdent, sont applicables au présent Tarif.

**Avis important.** — *Les prix du présent Tarif commun spécial ne seront appliqués qu'autant que les expéditeurs en auront fait la demande expresse sur leur déclaration. A défaut de cette demande préalable, l'expédition sera taxée de droit aux prix et conditions des Tarifs généraux de chaque Compagnie.*

## CHEMINS DE FER DE L'EST ET DU NORD.

### Transports à Petite Vitesse.

# TARIF COMMUN SPÉCIAL P. V. N° 19

POUR LE TRANSPORT

# DES MACHINES ET DES MÉCANIQUES EN CAISSES

Par wagon chargé d'au moins 5,000 kilogrammes, ou payant pour ce poids s'il y a avantage pour l'Expéditeur.

**Prix par 1,000 kilogrammes, de gare en gare,**

Y compris les frais de chargement, de déchargement et de gare, tant au départ et à l'arrivée qu'au point de jonction.

| DES STATIONS CI-APRÈS AUX STATIONS CI-CONTRE. | LILLE. | | ROUBAIX. | | TOURCOING. | |
|---|---|---|---|---|---|---|
| | DISTANCES. | PRIX. | DISTANCES. | PRIX. | DISTANCES. | PRIX. |
| | kil. | fr. c. | kil. | fr. c. | kil. | fr. c. |
| Bollwiller (*viâ Epernay*) | 668 | 62 05 | 676 | 62 75 | 679 | 63 » |
| Thann (*viâ Epernay*) | 671 | 62 30 | 679 | 63 » | 682 | 63 25 |
| Bitschwiller-Thann (*viâ Epernay*) | 674 | 62 60 | 682 | 63 30 | 685 | 63 55 |

**Nota.** — *Les expéditions de ou pour une station non dénommée ci-dessus, comprise entre deux stations dénommées, jouiront du bénéfice du présent Tarif, en payant pour la distance entière, depuis la dernière station dénommée, située avant le lieu de départ, jusqu'à la première station dénommée située après le lieu de destination, si la taxe, ainsi calculée, est plus avantageuse pour les expéditeurs que celle des Tarifs généraux ou spéciaux de chaque Compagnie.*

## CONDITIONS.

Les Compagnies se réservent le droit de dépasser de 8 jours les délais réglementaires pour le transport des marchandises à petite vitesse, sans que, pour ce surcroît de délai, elles soient soumises à aucune indemnité.

La Compagnie expéditrice seule perçoit un droit d'enregistrement de 0,10 cent. par expédition.

Les Compagnies ne répondent pas des déchets et avaries de route.

Les caisses vides ayant servi aux expéditions de machines ou mécaniques seront retournées à leur station de départ à raison de 0 fr. 05 c. par tonne et par kilomètre, plus 1 fr. par tonne pour frais de chargement, de déchargement et de gare.

Le transport en retour des caisses vides n'aura lieu, dans les conditions précitées, qu'autant que l'expéditeur pourra justifier, par un bulletin, au moment de l'expédition des emballages, que le transport de la marchandise qu'ils ont renfermée a bien été effectué par les Compagnies. Les bulletins sont fournis aux expéditeurs par la station de départ. Tout bulletin de retour ayant plus de deux mois de date cessera d'être valable, et sera considéré comme nul.

Les expéditeurs et les destinataires devront se conformer aux prescriptions des deux Compagnies à l'égard des bulletins de retour.

Les expéditeurs ont toujours le choix entre les prix et conditions du présent Tarif commun spécial et les prix et conditions des Tarifs généraux ou spéciaux de chaque Compagnie.

L'application du présent Tarif commun spécial reste soumise aux conditions des Tarifs généraux de chaque Compagnie, en tout ce qui n'est pas contraire aux dispositions qui précèdent.

**Avis important.** — *Les prix du présent Tarif commun spécial ne seront appliqués qu'autant que l'expéditeur en aura fait la demande expresse sur sa déclaration, à défaut de cette demande préalable, l'expédition sera taxée de droit aux prix et conditions des Tarifs généraux ou spéciaux de chaque Compagnie.*

## CHEMINS DE FER DE L'EST ET DU NORD.

### TRANSPORTS A PETITE VITESSE

# TARIF COMMUN SPÉCIAL P. V. N° 20

POUR LE TRANSPORT

## DES COTONS BRUTS EN BALLES.

PRIX PAR 1,000 KILOGRAMMES,

*de gare en gare, y compris les frais de chargement, de déchargement et de gare, tant au départ et à l'arrivée qu'aux points de jonction.*

| DES STATIONS CI-CONTRE aux STATIONS CI-APRÈS. | SAINT-VALERY. | | | | BOULOGNE. | | | | DUNKERQUE. | | | | CALAIS. | | | |
|---|---|---|---|---|---|---|---|---|---|---|---|---|---|---|---|---|
| | Dist. | PRIX. | | Délais. | Dist. | PRIX. | | Délais. | Dist. | PRIX. | | Délais. | Dist. | PRIX. | | Délais. |
| | kil. | fr. | c. | jours. | kil. | fr. | c. | jours. | kil. | fr. | c. | jours. | kil. | fr. | c. | jours. |
| Sermaize | 417 | 34 | 25 | 7 | 476 | 39 | 60 | 7 | 424 | 39 | 60 | 7 | 446 | 39 | 60 | 7 |
| Bar-le-Duc | 442 | 36 | 45 | 7 | 498 | 41 | 80 | 7 | 446 | 41 | 80 | 7 | 468 | 41 | 80 | 7 |
| Metz | 555 | 49 | 45 | 9 | 614 | 54 | 80 | 9 | 562 | 54 | 80 | 9 | 584 | 54 | 80 | 9 |
| Thionville | 524 | 52 | » | 10 | 583 | 57 | 35 | 10 | 531 | 57 | 35 | 10 | 553 | 57 | 35 | 10 |
| Nancy | 539 | 45 | 85 | 9 | 598 | 51 | 20 | 9 | 546 | 51 | 20 | 9 | 568 | 51 | 20 | 9 |
| Épinal | 612 | 52 | 80 | 9 | 671 | 58 | 15 | 9 | 619 | 58 | 15 | 9 | 641 | 58 | 15 | 9 |
| Lunéville | 571 | 48 | 90 | 9 | 630 | 54 | 25 | 9 | 578 | 54 | 25 | 9 | 600 | 54 | 25 | 9 |
| Haguenau | 700 | 61 | 15 | 10 | 759 | 66 | 50 | 10 | 707 | 66 | 50 | 10 | 729 | 66 | 50 | 10 |
| Benfeld | 714 | 62 | 45 | 10 | 773 | 67 | 80 | 10 | 721 | 67 | 80 | 10 | 743 | 67 | 80 | 10 |
| Schlestadt | 730 | 64 | » | 10 | 789 | 69 | 35 | 10 | 737 | 69 | 35 | 10 | 759 | 69 | 35 | 10 |
| Ribeauvillé | 740 | 70 | 30 | 10 | 799 | 70 | 30 | 10 | 747 | 70 | 30 | 10 | 769 | 70 | 30 | 10 |
| Rennwhir | 733 | 70 | 30 | 10 | 792 | 70 | 30 | 10 | 753 | 70 | 30 | 10 | 775 | 70 | 30 | 10 |
| Colmar | 727 | 70 | 30 | 10 | 786 | 70 | 30 | 10 | 760 | 70 | 30 | 10 | 782 | 70 | 30 | 10 |
| Rouffach | 714 | 70 | 15 | 10 | 773 | 70 | 30 | 10 | 756 | 70 | 30 | 10 | 778 | 70 | 30 | 10 |
| Bollwiller | 702 | 69 | » | 10 | 761 | 69 | 85 | 10 | 744 | 69 | 85 | 10 | 766 | 69 | 85 | 10 |
| Cernay | 699 | 68 | 75 | 11 | 758 | 69 | 60 | 11 | 742 | 69 | 60 | 11 | 764 | 69 | 60 | 11 |
| Thann | 705 | 69 | 30 | 11 | 764 | 70 | 15 | 11 | 747 | 70 | 15 | 11 | 769 | 70 | 15 | 11 |
| Wesserling | 717 | 70 | » | 11 | 776 | 70 | 85 | 11 | 760 | 70 | 85 | 11 | 782 | 70 | 85 | 11 |
| Mulhouse | 686 | 67 | 90 | 10 | 718 | 66 | 55 | 10 | 728 | 68 | 35 | 10 | 750 | 68 | 35 | 10 |
| Altkirch | 669 | 65 | 90 | 10 | 728 | 66 | 75 | 10 | 712 | 66 | 75 | 10 | 734 | 66 | 75 | 10 |
| Belfort | 638 | 62 | 95 | 10 | 697 | 65 | 80 | 10 | 680 | 65 | 80 | 10 | 702 | 63 | 80 | 10 |
| Bas-Évette | 631 | 62 | 30 | 10 | 690 | 63 | 15 | 10 | 673 | 63 | 15 | 10 | 695 | 63 | 15 | 10 |
| Lure | 606 | 59 | 90 | 9 | 665 | 60 | 75 | 9 | 648 | 60 | 75 | 9 | 670 | 60 | 75 | 9 |
| Vesoul | 576 | 57 | 05 | 9 | 635 | 57 | 90 | 9 | 618 | 57 | 90 | 9 | 640 | 57 | 90 | 9 |
| Jussey | 542 | 53 | 80 | 9 | 601 | 54 | 65 | 9 | 584 | 54 | 65 | 9 | 606 | 54 | 65 | 9 |
| Troyes | 361 | 36 | 65 | 7 | 420 | 37 | 50 | 7 | 500 | 37 | 50 | 7 | 521 | 37 | 50 | 7 |
| Mesgrigny | 336 | 34 | 25 | 7 | 395 | 35 | 10 | 7 | 475 | 35 | 10 | 7 | 496 | 35 | 10 | 7 |

NOTA. Les Cotons bruts en balles expédiés *de* ou *pour* une station non dénommée ci-dessus, comprise entre deux stations dénommées, jouiront du bénéfice du présent Tarif commun, en payant pour la distance entière, depuis la dernière station dénommée située avant le lieu de départ, jusqu'à la première station dénommée située après le lieu de destination, si la taxe, ainsi calculée, est plus avantageuse pour les expéditeurs que celle des Tarifs généraux de chaque Compagnie.

### CONDITIONS.

La Compagnie expéditrice seule perçoit un droit d'enregistrement de 0 fr. 10 c. par expédition.

Les conditions de transport applicables au présent Tarif commun spécial sont celles des Tarifs généraux de chaque Compagnie.

Les délais indiqués ci-dessus sont en jours francs et ne comprennent ni le jour de la remise ni celui de la livraison.

**Avis important.** — *Les prix du présent Tarif commun spécial ne seront appliqués qu'autant que l'expéditeur en aura fait la demande expresse, sur sa déclaration. A défaut de cette demande préalable, l'expédition sera taxée de droit aux prix et conditions des Tarifs généraux de chaque Compagnie.*

# CHEMINS DE FER DE L'EST ET DU NORD.

## TRANSPORTS A PETITE VITESSE.

# TARIF COMMUN SPÉCIAL D'EXPORTATION P. V. N° 21

POUR LE TRANSPORT

**Des EAUX MINÉRALES en caisses ou en paniers,**

Par expédition d'au moins 500 kilogrammes, ou en payant pour ce poids, s'il y a avantage pour l'Expéditeur.

PRIX DE TRANSPORT PAR 1,000 KILOG., DE GARE EN GARE,

*Y compris les frais de chargement, de déchargement et de gare, tant au départ et l'arrivée qu'au point de jonction.*

| STATION DE DÉPART. | STATIONS DE DESTINATION. | DISTANCES. | PRIX. | |
|---|---|---|---|---|
| **STRASBOURG**.................. | SAINT-VALERY........................ | 688 | 28 | 95 |
| | BOULOGNE.......................... | 747 | 31 | 30 |
| | DUNKERQUE.......................... | 695 | 29 | 20 |
| | CALAIS.............................. | 746 | 30 | 05 |

**Nota.** — *Les eaux minérales destinées à l'exportation et qui seraient remises à une gare comprise entre Strasbourg et les stations ci-dessus dénommées jouiront du bénéfice de ce Tarif commun en payant les prix fixés au départ de Strasbourg, si ces prix sont plus avantageux pour les expéditeurs que ceux qui résulteraient des Tarifs particuliers aux deux Compagnies.*

## CONDITIONS.

Les Compagnies se réservent le droit de dépasser de huit jours les délais réglementaires pour le transport des marchandises à petite vitesse, sans que, pour ce surcroît de délai, elles soient soumises à aucune indemnité.

La Compagnie expéditrice, seule, perçoit un droit d'enregistrement de 0 fr. 10 c. par expédition.

La responsabilité à encourir par les Compagnies se borne à la reproduction, à l'arrivée, des caisses ou paniers, dans l'état où ces emballages ont été remis au départ.

Les paniers, caisses, bouteilles et cruchons vides ayant servi aux expéditions d'eaux minérales seront retournés à leur station de départ à raison de 0 fr. 05 c. par tonne et par kilomètre, plus 1 fr. par tonne pour frais de chargement, de déchargement et de gare.

Le transport en retour des objets désignés ci-dessus n'aura lieu, dans les conditions précitées, qu'autant que l'expéditeur pourra justifier, par un bulletin, au moment de l'expédition des emballages, que le transport de la marchandise qu'ils ont renfermée a bien été effectué par les Compagnies. Les bulletins sont fournis aux expéditeurs par la station de départ. Tout bulletin de retour ayant plus de deux mois de date cessera d'être valable, et sera considéré comme nul.

Les expéditeurs et les destinataires devront se conformer aux prescriptions des deux Compagnies à l'égard des bulletins de retour.

Les expéditeurs ont toujours le choix entre les prix et conditions du présent Tarif et les prix et conditions des Tarifs particuliers aux deux Compagnies.

L'application du présent Tarif commun reste d'ailleurs soumise aux conditions des Tarifs particuliers à chaque Compagnie, en tout ce qui n'est pas contraire aux dispositions qui précèdent.

La durée d'application de ce Tarif est fixée à une année par les Compagnies intéressées.

**AVIS IMPORTANT.** — *Les prix du présent Tarif commun ne seront appliqués qu'autant que l'expéditeur en aura fait la demande expresse sur sa déclaration; à défaut de cette demande préalable, l'expédition sera taxée de droit aux prix et conditions des Tarifs généraux de chaque Compagnie.*

CHEMINS DE FER DE L'EST ET DU NORD.

TRANSPORTS A PETITE VITESSE.

# TARIF COMMUN SPÉCIAL P. V. N° 22.

DÉSIGNATION DES MARCHANDISES :

**Bombonnes, Bouteilles, Caisses, Fûts, Paniers ou Sacs vides, Toiles d'emballage ayant servi à un transport en retour, Touries vides.**

## PRIX DE TRANSPORT :

### 1° Paniers vides, Sacs vides et Toiles d'emballage.

Les paniers vides, sacs vides et toiles d'emballage ayant servi à des expéditions effectuées par les Compagnies ne seront soumis au retour qu'à la perception par expédition des droits d'enregistrement et de timbre; soit : 0 fr. 60 si ces emballages sont accompagnés d'une lettre de voiture ou d'une facture de transport au timbre de 0 fr. 50; soit 0 fr. 30 si ces emballages font seulement l'objet d'un récépissé au timbre de 0 fr. 20.

**2° Bombonnes, Bouteilles, Touries et autres Emballages vides** ayant servi au transport des Eaux minérales, des Acides minéraux et autres produits chimiques. — **Caisses vides** ayant servi à un transport entre **Paris** (La Chapelle) **et Reims.**

Les bombonnes, bouteilles, touries et autres emballages vides ayant servi à des transports d'eaux minérales, d'acides minéraux ou autres produits chimiques, de même que les caisses vides ayant servi à un transport entre Paris (La Chapelle) et Reims, seront retournés soit de Reims à Paris (La Chapelle) soit de Paris (La Chapelle) à Reims, à raison de **8 90** par 1,000 kil., y compris les frais de chargement, de déchargement et de gare, tant au départ et à l'arrivée qu'au point de jonction.

**NOTA.** — Pour les parcours intermédiaires *entre* Paris (La Chapelle) et Reims, la taxe ne pourra, dans aucun cas, être supérieure à celle du présent Tarif.

### 3° Fûts vides.

Les fûts vides ayant servi à des expéditions effectuées par les chemins de fer, soit de Paris (La Chapelle) à Reims, soit de Reims à Paris (La Chapelle) pourront être retournés à leur station de départ à raison de 0.50 cent. par hectolitre indivisible de contenance lorsque ce prix sera plus avantageux que celui des Tarifs généraux ou du Tarif spécial n° 17. — Toute fraction d'hectolitre paiera comme pour un hectolitre.

Toute expédition donnera en outre lieu à une perception de 0.60 cent. ou de 0.30 cent., suivant que les fûts vides seront accompagnés d'une lettre de voiture ou d'une facture de transport, ou seulement d'un récépissé.

## CONDITIONS.

Les Compagnies se réservent le droit de dépasser de huit jours les délais réglementaires pour le transport des marchandises à petite vitesse, sans que, pour ce surcroît de délai, elles soient soumises à aucune indemnité.

La Compagnie expéditrice seule perçoit un droit d'enregistrement de 10 cent. par expédition.

Le transport en retour des objets désignés ci-dessus n'aura lieu, dans les conditions précitées, qu'autant que l'expéditeur pourra justifier par un bulletin, au moment de l'expédition des emballages, que le transport de la marchandise qu'ils ont renfermée a bien été effectué par les Compagnies. Les bulletins de retour ayant plus de deux mois de date, cesseront d'être valables, et seront considérés comme nuls.

Les expéditeurs et les destinataires devront se conformer aux prescriptions des Compagnies à l'égard des bulletins de retour.

Les 10 cent. perçus par la Compagnie expéditrice pour enregistrement, ainsi que les frais de lettre de voiture ou de récépissé, de camionnage ou de factage, s'il y a lieu, des paniers vides, sacs vides et toiles d'emballage expédiés gratuitement, devront être payés avant le départ.

Les Compagnies ne répondent pas des déchets et avaries de route. Elles déclinent également toute espèce de responsabilité à raison de la perte, de l'avarie ou du retard des objets désignés dans le présent Tarif et transportés gratuitement. Le transport de ces objets n'aura lieu que par les trains de petite vitesse.

L'application du présent Tarif commun spécial reste d'ailleurs soumise aux conditions des Tarifs généraux des deux Compagnies en tout ce qui n'est pas contraire aux dispositions qui précèdent.

**Avis important.** — *Les prix du présent Tarif commun spécial ne seront appliqués qu'autant que l'expéditeur en aura fait la demande expresse sur sa déclaration; à défaut de cette demande préalable, l'expédition sera taxée, de droit, aux prix et conditions des Tarifs généraux de chaque Compagnie.*

CHEMINS DE FER DE L'EST ET DU NORD.

TRANSPORTS A PETITE VITESSE.

# TARIF COMMUN SPÉCIAL P. V. N° 23.

DÉSIGNATION DES MARCHANDISES

**ANIMAUX, INSTRUMENTS ET PRODUITS**

ENVOYÉS AUX CONCOURS AGRICOLES

## PRIX RÉDUITS DE TRANSPORT :

De la gare de *Paris* (La Chapelle) en gare à *Reims* et *vice versâ* 158 kilomètres

### 1° Animaux.

| | | | |
|---|---|---|---|
| Bœufs, Vaches, Taureaux, Anes, Mulets et autres bêtes de trait..... | 7 fr. | 90 | par tête. |
| Veaux et Porcs........................................ | 3 | 15 | |
| Moutons, Brebis, Agneaux et Chèvres.......................... | 0 | 79 | |
| Animaux par wagon complet.................................. | 39 | 50 | par wagon. |

Les frais de chargement et de déchargement à percevoir en sus des prix ci-dessus sont fixés comme suit :

| | | | |
|---|---|---|---|
| Bœufs, Vaches, Taureaux, Anes, Mulets et autres bêtes de trait...... | 1 | » | par tête. |
| Veaux et Porcs........................................ | 0 | 10 | |
| Moutons, Brebis, Agneaux et Chèvres.......................... | 0 | 20 | |

Pour les animaux par wagon complet, le chargement et le déchargement devront être opérés par les soins et aux frais des expéditeurs et des destinataires, à leurs risques et périls. Il en sera de même pour les animaux dangereux pour lesquels des règlements de police prescrivent des précautions spéciales et qui sont alors affranchis des frais de chargement et de déchargement indiqués ci-dessus.

Les animaux dont il n'est pas pris livraison à l'arrivée, sont mis en fourrière aux frais, risques et périls de qui de droit. Les frais de fourrière sont acquittés sur justification de dépense;

### 2° Instruments et Produits.

Prix des Tarifs ordinaires réduits de moitié, sans que la taxe puisse être inférieure à 0 fr. 05 c. par tonne et par kilomètre, non compris les frais accessoires.

**NOTA.** — *Pour les parcours intermédiaires compris entre* **PARIS (La Chapelle)** *et* **REIMS,** *la taxe ne pourra, dans aucun cas, être supérieure aux prix du présent Tarif.*

## CONDITIONS.

La Compagnie expéditrice seule perçoit un droit d'enregistrement de 10 centimes par expédition.

Pour avoir droit au bénéfice de ces prix réduits, qui sont applicables au retour, les expéditeurs devront justifier, par un certificat délivré par le ministère de l'agriculture, de la destination des animaux ou objets à transporter.

Ces certificats devront être remis aux gares de départ, et seront rendus aux expéditeurs par les gares d'arrivée, lors de la livraison de la marchandise.

L'application du présent Tarif commun spécial reste d'ailleurs soumise aux conditions des Tarifs généraux des deux Compagnies, en tout ce qui n'est pas contraire aux dispositions qui précèdent.

**Avis important.** — *Les prix du présent Tarif commun spécial ne seront appliqués qu'autant que l'expéditeur en aura fait la demande expresse sur sa déclaration; à défaut de cette demande préalable, l'expédition sera taxée de droit aux prix et conditions des Tarifs généraux de chaque Compagnie.*

CHEMINS DE FER DE L'EST, DU NORD ET DE L'OUEST.

TRANSPORTS A PETITE VITESSE.

# TARIF COMMUN D'EXPORTATION P. V. N° 24.

DÉSIGNATION DE LA MARCHANDISE :

## VINS DE CHAMPAGNE EN BOUTEILLES.

PRIX DE TRANSPORT PAR 1,000 KILOG., DE GARE EN GARE,

*Y compris les frais de chargement, de déchargement et de gare, tant au départ et à l'arrivée qu'aux points de jonction.*

| PARCOURS. | | DISTANCES. | PRIX PAR 1,000 KILOG. |
|---|---|---|---|
| De Reims à | ROUEN | 296 | 31 60 |
| | LE HAVRE | 390 | 36 60 |
| | FÉCAMP | 384 | 36 60 |
| | DIEPPE | 362 | 36 60 |
| | HONFLEUR | 394 | 36 60 |

**Nota.** — *Les vins de Champagne en bouteilles destinés à l'exportation et qui seraient remis à une gare non dénommée au présent Tarif, mais comprise entre* Reims *et l'un des points par où a lieu l'exportation, jouiront du bénéfice de ce Tarif en payant les prix fixés au départ de Reims, si ces prix sont plus avantageux pour les expéditeurs que ceux qui résulteraient de l'application des Tarifs particuliers aux trois Compagnies.*

### OBSERVATIONS.

Les Vins en bouteilles emballés sont taxés à raison de 2 kilogr. par bouteille.

Les Vins ensablés sont également taxés à raison de 2 kilog. par bouteille ; mais la différence entre le poids ainsi trouvé et le poids total reconnu doit payer le prix appliqué au transport du sable sur les lignes de l'Est, du Nord et de l'Ouest.

### CONDITIONS.

La Compagnie expéditrice, seule, perçoit un droit d'enregistrement de 10 centimes par expédition.

L'application du présent Tarif reste soumise aux conditions des Tarifs généraux de chaque Compagnie en ce qui n'est pas contraire aux dispositions particulières qui précèdent.

Les expéditeurs ont toujours le choix entre les prix et conditions du présent Tarif et les prix et conditions des Tarifs particuliers aux trois Compagnies.

La durée d'application de ce Tarif est fixée à une année par les Compagnies intéressées.

**Avis important.** — *Les prix du présent Tarif ne seront appliqués qu'autant que l'expéditeur en aura fait la demande expresse sur sa déclaration. A défaut de cette demande préalable, l'expédition sera taxée de droit aux prix et conditions des Tarifs généraux de chaque Compagnie.*

## CHEMINS DE FER DE L'EST, DU NORD ET D'ORLÉANS.

### TRANSPORTS A PETITE VITESSE.

# TARIF COMMUN P. V. N° 25.

DÉSIGNATION DE LA MARCHANDISE :

## VINS DE CHAMPAGNE

PAR EXPÉDITION DE 1,500 BOUTEILLES AU MOINS OU EN PAYANT POUR CE NOMBRE S'IL Y A AVANTAGE POUR L'EXPÉDITEUR.

PRIX DE TRANSPORT PAR 1,000 KILOG., DE GARE EN GARE,

*Y compris les frais de chargement, de déchargement et de gare, tant au départ et à l'arrivée qu'aux points de jonction.*

| DE LA GARE **DE REIMS** AUX STATIONS CI-APRÈS. | DISTANCES. | PRIX PAR 1,000 KILOG. |
|---|---|---|
| BORDEAUX | 744 | 65 » |
| ROCHEFORT | 640 | 65 » |
| LA ROCHELLE | 643 | 65 » |
| NANTES | 592 | 60 » |
| SAINT-NAZAIRE | 657 | 60 » |

**Nota.** — *Les vins de Champagne qui seraient remis à une gare non dénommée au présent Tarif, mais comprise entre Reims et l'une des gares de destination, jouiront du bénéfice du présent Tarif, en payant les prix fixés au départ de Reims, si ces prix sont plus avantageux pour les expéditeurs que ceux qui résulteraient de l'application des Tarifs particuliers aux trois Compagnies.*

### OBSERVATIONS.

Les vins en bouteilles emballées sont taxés à raison de 2 kilog. par bouteille.

Les vins ensablés sont également taxés à raison de 2 kilog. par bouteille ; mais la différence entre le poids, ainsi trouvé et le poids total reconnu, doit payer le prix appliqué au transport du sable sur les lignes de l'Est, du Nord et d'Orléans.

### CONDITIONS.

La Compagnie expéditrice, seule, perçoit un droit d'enregistrement de 10 centimes par expédition.

L'application du présent Tarif reste soumise aux conditions des Tarifs généraux de chaque Compagnie en ce qui n'est pas contraire aux dispositions particulières qui précèdent.

Les expéditeurs ont toujours le choix entre les prix et conditions du présent Tarif et les prix et conditions des Tarifs particuliers aux trois Compagnies.

La durée d'application de ce Tarif est fixée à une année par les Compagnies intéressées.

**Avis important.** — *Les prix du présent Tarif ne seront appliqués qu'autant que l'expéditeur en aura fait la demande expresse sur sa déclaration. A défaut de cette demande préalable, l'expédition sera taxée de droit aux prix et conditions des Tarifs généraux de chaque Compagnie.*

COMPAGNIE DES CHEMINS DE FER

DE PARIS A LYON ET A LA MÉDITERRANÉE, DE L'EST ET DU NORD.

TRANSPORTS A PETITE VITESSE.

# TARIF COMMUN P. V. N° 26.

**Pour le Transport de la LAINE brute et de la LAINE lavée,**

Par wagon chargé d'au moins 5,000 kilog., ou en payant pour ce poids s'il y a avantage pour l'Expéditeur.

## PRIX DE TRANSPORT,

*Par 1,000 kilogrammes, de gare en gare, y compris les frais de chargement, de déchargement et de gare, tant au départ et à l'arrivée qu'aux points de jonction.*

| DES GARES ci-contre AUX GARES ci-après. | MARSEILLE. | | CETTE. | | AIX. | |
|---|---|---|---|---|---|---|
| | DISTANCES. | PRIX. | DISTANCES. | PRIX. | DISTANCES. | PRIX. |
| LANDRECIES | 1,011 | 85 60 | 1,047 | 86 05 | 1,039 | 85 40 |
| LE CATEAU | 1,029 | 84 65 | 1,035 | 85 10 | 1,027 | 84 45 |
| TOURCOING | 1,130 | 92 75 | 1,136 | 93 20 | 1,128 | 92 55 |

*NOTA. — Les expéditions qui seraient remises à ou pour une station non dénommée ci-dessus mais comprise entre deux stations dénommées, jouiront du bénéfice du présent Tarif commun, en payant pour la distance entière depuis la dernière station dénommée située avant le lieu de départ jusqu'à la première station dénommée située après le lieu de destination, si la taxe, ainsi calculée, est plus avantageuse pour les expéditeurs que celle des Tarifs particuliers aux trois Compagnies.*

## CONDITIONS.

Les Compagnies se réservent le droit de dépasser de cinq jours les délais reglementaires pour l'expédition et le transport des marchandises à petite vitesse sans que, pour ce surcroît de délai, elles soient soumises à aucune indemnité.

La Compagnie expéditrice seule perçoit un droit d'enregistrement de 0 fr 10 c. par expédition.

Les Compagnies ne répondent pas des déchets et avaries de route.

Les expéditeurs ont toujours le choix entre les prix et conditions du présent Tarif commun et les prix et conditions des Tarifs généraux ou spéciaux de chaque Compagnie.

L'application du présent Tarif commun reste d'ailleurs soumise aux conditions des Tarifs particuliers aux trois Compagnies en tout ce qui n'est pas contraire aux dispositions qui précèdent.

*AVIS IMPORTANT. — Les prix du présent Tarif commun ne seront appliqués qu'autant que l'expéditeur en aura fait la demande expresse sur sa déclaration. A défaut de cette demande préalable, l'expédition sera taxée de droit aux prix et conditions des Tarifs généraux de chaque Compagnie.*

www.ingramcontent.com/pod-product-compliance
Ingram Content Group UK Ltd.
Pitfield, Milton Keynes, MK11 3LW, UK
UKHW022118190726
13855UKWH00003B/937

9 782013 057820